深圳市中小学“好课程”
深圳市龙岗区第六批校本课程
深圳市龙城高级中学校本课程

北纬22度星空

Starry night at 22°N

成 军 罗明军◎主编

经济管理出版社
ECONOMY & MANAGEMENT PUBLISHING HOUSE

图书在版编目（CIP）数据

北纬22度星空/成军，罗明军主编. —北京：经济管理出版社，2018. 1
ISBN 978-7-5096-5556-6

Ⅰ. ①北… Ⅱ. ①成… ②罗… Ⅲ. ①天文学—高中—教材 Ⅳ. ①G634.551

中国版本图书馆CIP数据核字（2017）第313982号

组稿编辑：钱雨荷
责任编辑：胡　茜　钱雨荷
责任印制：黄章平
责任校对：王淑卿

出版发行：经济管理出版社
（北京市海淀区北蜂窝8号中雅大厦A座11层　100038）
网　　址：www. E-mp. com. cn
电　　话：（010）51915602
印　　刷：北京印刷集团有限责任公司印刷二厂
经　　销：新华书店
开　　本：880mm×1230mm/32
印　　张：4.375
字　　数：148千字
版　　次：2018年3月第1版　2018年3月第1次印刷
书　　号：ISBN 978-7-5096-5556-6
定　　价：45.00元

编委会名单

课程编写说明

《北纬22度星空》是在广东省深圳市龙岗区龙城高级中学地理教师的指导下，学生在参与活动的过程中，充分利用学校天文台及相关的软硬件设施，主动在实践中获得天文地理学方面的基础知识，培养学生动手能力、团队合作能力、展示自我的能力，促进学生形成浓厚的学习兴趣，养成科学的操作习惯，创造性地运用知识解决实际问题的能力，提升社区服务意识。

《北纬22度星空》是广东省深圳市龙岗区龙城高级中学地理教研组、深圳市罗明军名师工作室部分地理教师编写的校本课程。该课程针对目前高中生天文学科素养存在的问题，倡导在学校地理教师的指导下，积极引导学生参与天文科普活动的理念。重在充分提升天文科普进社区的服务意识。

参与《北纬22度星空》编写的教师有广东省深圳市龙

岗区龙城高级中学的罗明军、成军、罗睿、蒙桂梅、谢新春、曹欢颜、姜严、张红娟、阳彩平、彭传楼、梁赟。

感谢龙城高级中学马锐雄校长及相关领导和同事们的大力支持。

成　军

2016 年 11 月

目 录

第一章　天文望远镜

第一节　初识普及型天文望远镜 …………………… 1

第二节　制作天文望远镜 ………………………… 16

第二章　校园天文台及望远镜操作

第一节　校园天文台科普望远镜 KPW400 简介及操作指导 ………………………… 23

第二节　Celestron 114 SLT 自动寻星望远镜简介及操作 ……………………………… 34

第三章　天象馆与四季星空

第一节　校园天象馆简介 ………………………… 45
——运用单球式天象仪认识四季星空

第二节　春季和夏季星空 …………………… 57
——找找北斗七星、狮子星座
第三节　秋季和冬季星空 …………………… 64
——找找秋季四边形、猎户座

第四章　常见的天文现象及观测

第一节　太阳黑子及观测 …………………… 71
第二节　日食与月食的原理及观测 ………… 81
第三节　月相原理及观测 …………………… 96
第四节　凌日原理及观测 …………………… 106

第五章　社区服务与科普宣传

第一节　参观深圳市国家气象观测台 ……… 117
第二节　社区天文科普宣传 ………………… 122

参考文献 ……………………………………… 129

第一章

天文望远镜

第一节 初识普及型天文望远镜

【活动目标】

（1）了解普及型天文望远镜的基本知识。

（2）组装星特朗 90HT 望远镜，熟悉望远镜的结构，知晓安装大体步骤与操作技能。

（3）了解天文望远镜的几个注意事项。

【基本知识】

一、普及型天文望远镜的三种光学类型

1. 折射式

使用方便，视野较大，星像明亮，但有色差，会降低分辨率，使用和维护比较方便。光路图如图 1–1 所示。

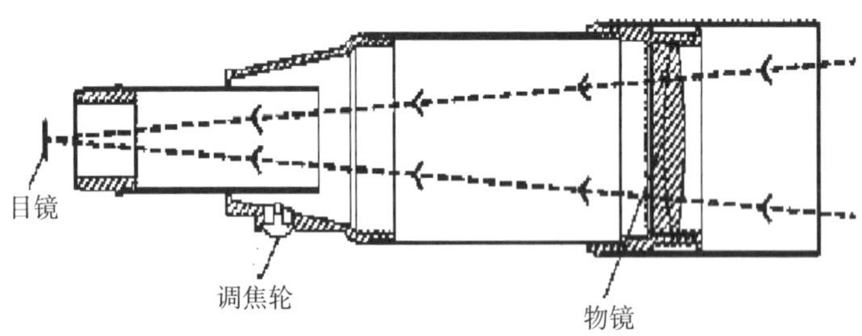

图 1–1　折射式天文望远镜的光路

2. 反射式

无色差，但彗差和像散较大，使得视野边缘像质变差；常用的有牛顿式反射镜，光学系统简单，同样的价格，能买到的反射镜口径最大，获得最强的集光力。但是，由于需要调节光轴，对于初级天文爱好者使用较为困难；主镜筒开放，与外界空气接触，气流干扰观测，而且容易腐蚀主反射镜的镀膜。光路图如图 1–2 所示。

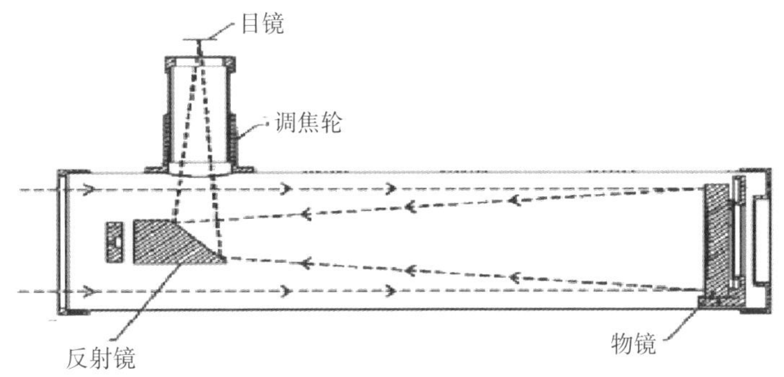

图 1–2 反射式天文望远镜的光路

3. 折反射式（马卡）

综合了折射镜和反射镜的优点：视野大、像质好、镜筒短、携带方便。主要有两种：施密特–卡塞格林式和马克苏托夫–卡塞格林。但是，由于副反射镜挡住了部分入射光线，影响进光。光路图如图 1–3 所示。

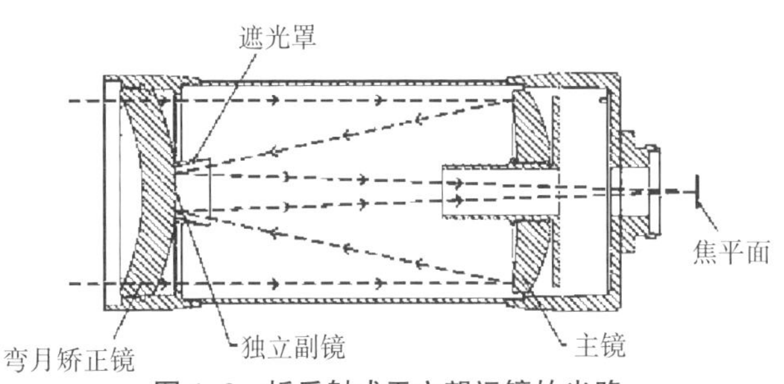

图 1–3 折反射式天文望远镜的光路

二、天文望远镜的主要参数及应用

1. 口径

口径是物镜的有效口径，一般用 D 表示。在理论上决定望远镜的性能。口径越大，聚光本领越强，分辨率越高，可用放大倍数越大。在天文望远镜型号表述中，第一个数字参数往往表示口径，如博冠60/700天文望远镜，说明该望远镜口径为60mm（物镜焦距为700mm）。相对口径是指有效口径D和焦距F的比值，用A表示：A = D/F。

2. 放大倍数

物镜焦距与目镜焦距的比值，G = F/f 式中，F为物镜焦距，f为目镜焦距。如博冠60/700天文望远镜，使用H10mm目镜，放大倍数 = 物镜焦距700mm/目镜焦距10mm，为70倍；放大倍数变大，看到的影像也越大。放大倍数不是越大越好，最大可用放大倍数一般不大于口径毫米数的1.5倍，超过最大有效放大倍数后，影像变大清晰度却不会再增加。

3. 焦比

物镜焦距长度与口径的比值，相当于相机镜头上的光圈。如果口径不变，物镜焦距越长，焦比越大，容易得到越高的倍率；物镜焦距越短，焦比越小，不容易得到越高的倍率，但影像更亮，视野更大。

4. 视场

如果用望远镜观看天空，那么所看见的天空部分的角直径叫作望远镜的视场。用ω表示。对同一架望远镜来说，视场同目镜的焦距有关，焦距越短，视场就越小。

5. 分辨角

望远镜的分辨角，指的是其像点刚刚能够分辨开的两个点的角距离。

（1）短焦距镜（小焦比，焦比≤6）。适合观测星云、寻找彗星（如图 1–4 和图 1–5 所示）。

图 1–4 面纱星云

资料来源：http：//apod.nasa.gov。

图 1–5 泛星彗星与螺旋星云

资料来源：http：//apod.nasa.gov。

[思考] 从观测效果来看，这两类天体的共同特点是什么？

（2）长焦距镜（大焦比，焦比 > 15）。适合观测月球和行星（如图 1–6 和图 1–7 所示）。

图 1–6　月面

资料来源：刘润普供图。

图 1–7　木星

资料来源：刘润普供图。

[思考] 从图片内容来看，这类天体的观测要求主要

是什么？

（3）中焦距镜（中焦比，6<焦比≤15）。适合观测双星、聚星、变星和星团（如图1-8和图1-9所示）。

图1-8 NGC星团

资料来源：http：//apod.nasa.gov。

图1-9 英仙座双星团

资料来源：http：//apod.nasa.gov。

［**思考**］根据焦比，博冠60/700天文望远镜最适合观测哪些类型的天体？

6. 分辨率

望远镜分辨影像细节的能力。分辨率主要和口径有关。

7. 集光力

聚光本领，望远镜接收光量与肉眼接收光量的比值。人的瞳孔在完全开放时，直径约 7mm。70mm 口径的望远镜，集光力是 70 × 2/7 × 2 为 100 倍。

8. 极限星等

极限星等是望远镜所能观测到最暗的星等，主要和口径、焦比有关。正常视力的人，在黑暗、空气透明的场合最暗可看到 6 等星，而 70mm 口径望远镜的集光力是肉眼的 100 倍，能看到比 6 等星再暗五个星等的 11 等星。

三、天文望远镜的主要结构

不同型号的天文望远镜结构差异很大，但总体而言，主要有以下五个共同部分：主镜筒、寻星镜、目镜、三脚架台和脚架。根据望远镜采用的不同支架机构，一般分为地平式（不能跟踪天体）、赤道仪式和经纬式。下面以入门级望远镜星特朗 90HT90/660 为例，解析类似型号天文望远镜的大体结构。如图 1–10 和图 1–11 所示。

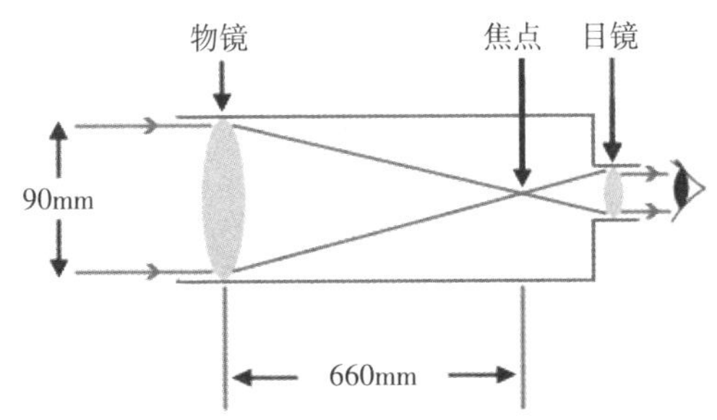

图 1-10 星特朗 90HT90600 主镜筒示意

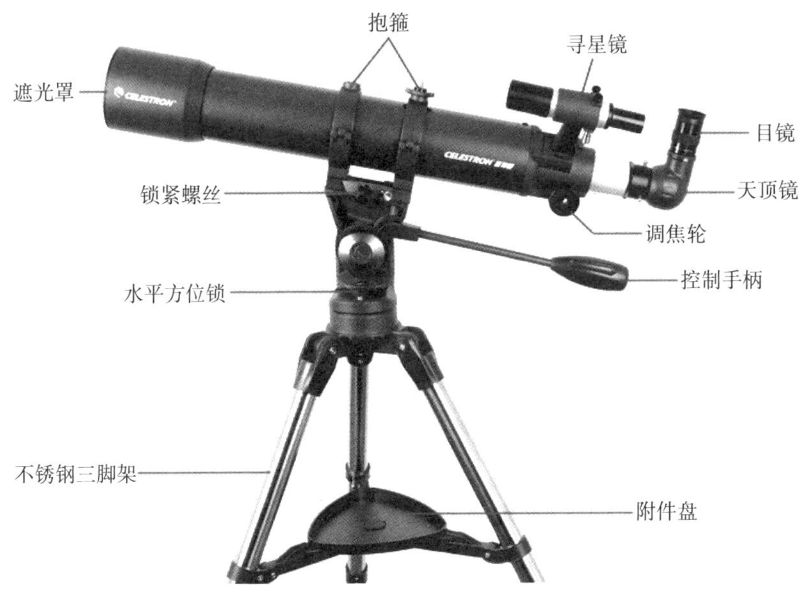

图 1-11 星特朗 90HT90600 结构示意

【组装操作】

1. 准备

检查、清点零部件，确认零部件是否完整，记住零部件存放位置。

2. 安装

各部件连接的建议顺序如下组图：

步骤一，支开三脚架。

步骤二，顺时针固定旋钮（如图1–12所示）。

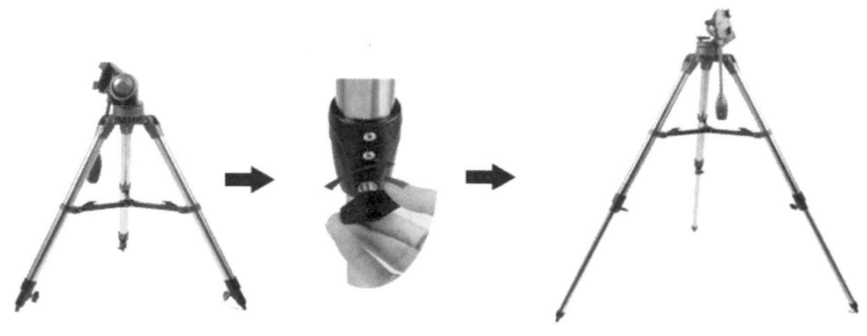

图1–12　安装脚架

步骤三，放置附件盘，旋转卡住卡口（如图1–13所示）。

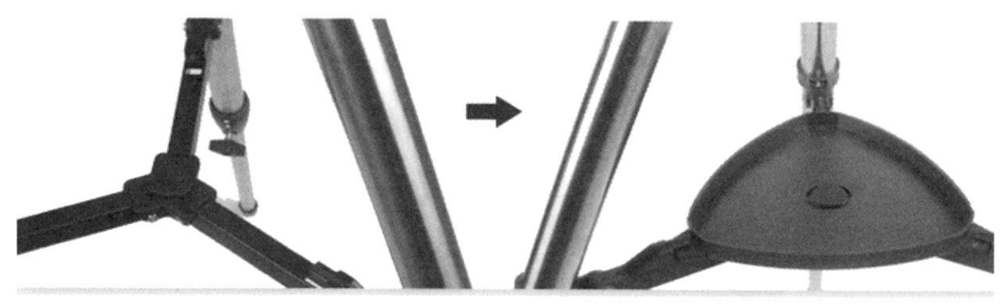

图1–13　固定附件盘

步骤四，顺时针旋钮可制松紧，调节仰角（如图1–14所示）。

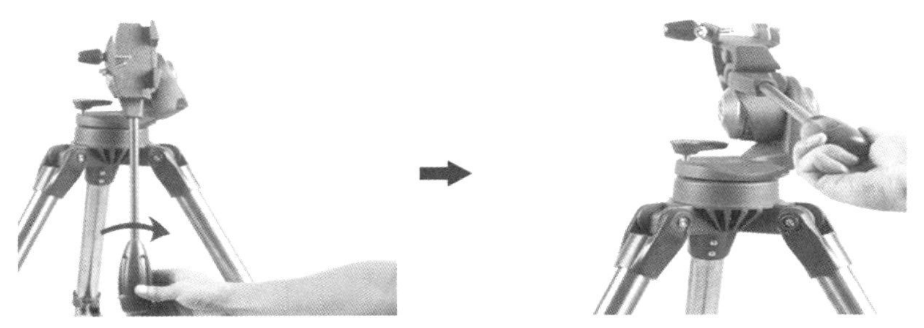

图 1-14 安装地平仪

步骤五，锁紧旋钮，稳固基座（如图 1-15 所示）。

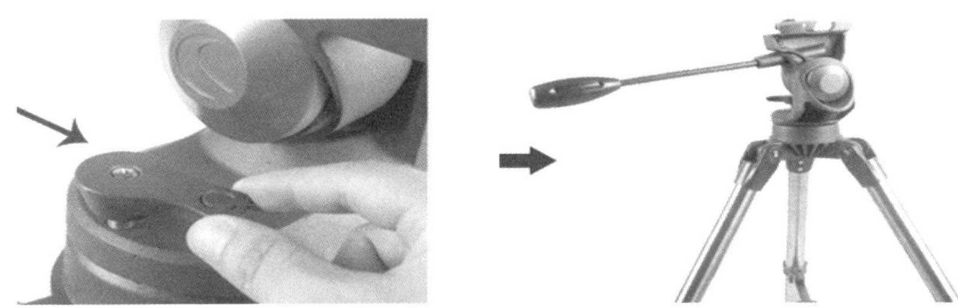

图 1-15 稳固地平仪

步骤六，滑入镜架，拧紧螺母（如图 1-16 所示）。

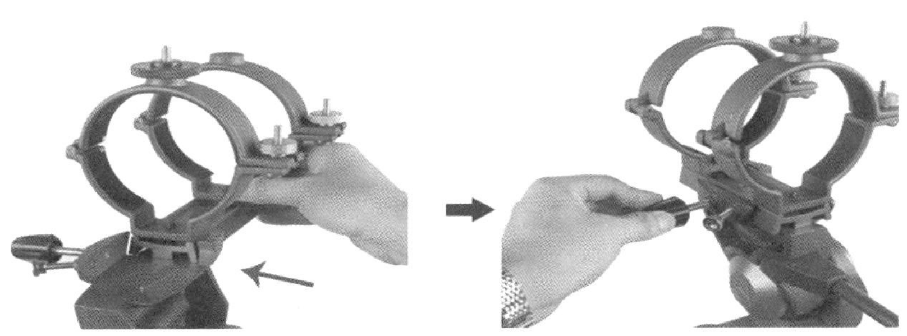

图 1-16 安装镜架

步骤七，架入镜筒，拧紧螺丝（如图 1–17 所示）。

图 1–17　安装镜筒

步骤八，架入寻星镜，拧紧螺丝（如图 1–18 所示）。

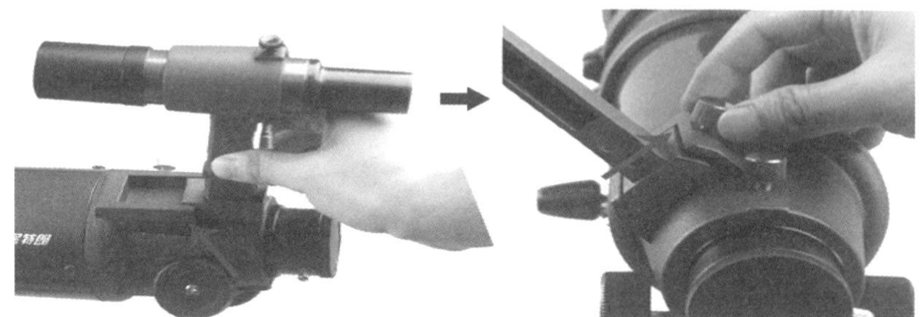

图 1–18　安装寻星镜

步骤九，装入天顶镜至接口，拧紧螺丝（如图 1–19 所示）。

图 1–19　安装天顶镜

步骤十，将目镜装入天顶镜，拧紧螺丝（如图 1-20 所示）。

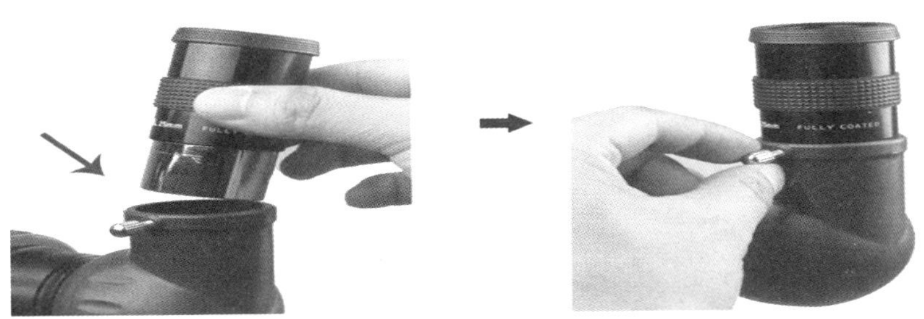

图 1-20　安装目镜

值得注意的是，安装目镜时，一般望远镜都会配置 2~3 个不同焦距的目镜，我们要先装倍率小的目镜，也就是焦距长的目镜。

3. 调试

有的天文望远镜配有正像镜或增倍镜。标有 1.5X 的正像镜，3X 的为增倍镜。这两个不能同时装，先装正像镜或增倍镜然后再装目镜。注意的是，装了这两个镜之后的倍率比较大，所以调焦更要慢。

【注意事项】

第一，绝对不能直接用望远镜观看太阳，观看太阳必须通过投影法或有专门滤光措施，否则会烧坏视网膜，而且会对主镜造成一定损害（如图 1-21 所示）。

图 1–21　加装滤光膜保护的校园日环食观测

第二，对于每一台望远镜，都有它合适的放大倍数。超过这个倍数并不能增强分辨能力，反而会使物体变得很暗，难以看清。60~80mm 口径的望远镜，合适的放大倍数应小于 100 倍。

第三，天文望远镜通常也可以观看风景或动植物，可以很容易得到比双筒望远镜更高的放大倍率。不过使用倍率应在 100 倍以下，20~50 倍最合适。

第四，不要认为用望远镜就什么都能看到，通过望远镜确实能观看到肉眼不能分辨的天体和天体上的细节，但观看效果越好，价格也越高，没有十全十美的望远镜，选择适合自己的最重要。

第五，如果无法在夜空中识别五个以上的星座，就不要着急使用望远镜，因为无法寻找可观测的星星，就只能看月亮。

活动链接

请观察并识记猎户座、大熊座、小熊座、天鹅座、仙女座、仙后座（如图 1–22 所示）。

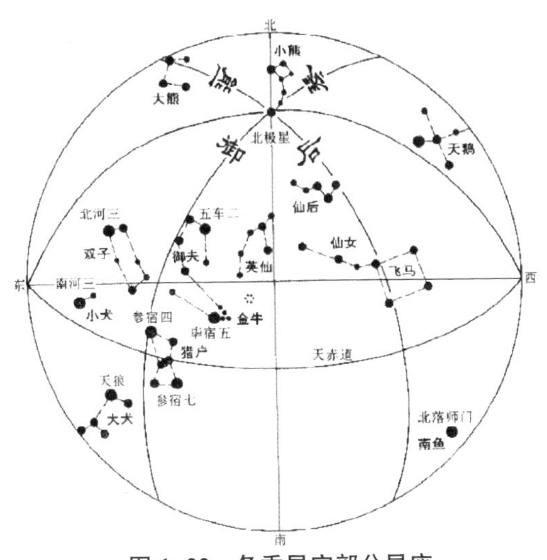

图 1–22 冬季星空部分星座

活动链接

观察并区分大熊座、小熊座（如图 1–23所示）。

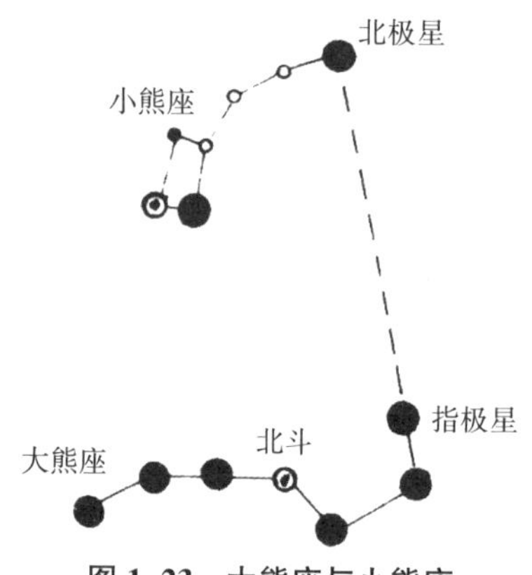

图 1–23　大熊座与小熊座

［思考］如何利用星座寻找北极星。

第二节 制作天文望远镜

【活动目标】

（1）通过制作天文望远镜，加深对天文望远镜原理的认识。

（2）通过制作天文望远镜，提升社团成员的动手、沟通、合作能力。

（3）通过制作天文望远镜，加强社团成员对天文观测的爱好。

【原理解读】

望远镜是一个使远处的物体看起来变近的工具。为了实现这个功能，望远镜上有一个装置（物镜，也叫主镜）可以收集远处物体发出的光，并将光线（图像）传到另一个装置（目镜透镜）的焦点处，后者会将图像放大并传到观察者的眼里（如图 1-24 所示）。

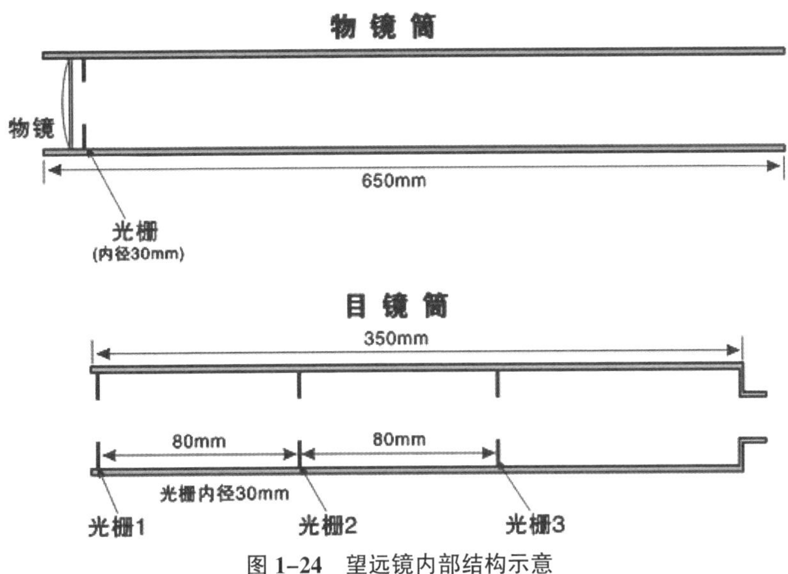

图 1-24　望远镜内部结构示意

【活动器材】

（1）长焦平凸透镜一块：口径在 5cm 左右，焦距在

50~80cm（如图 1–25 所示）。

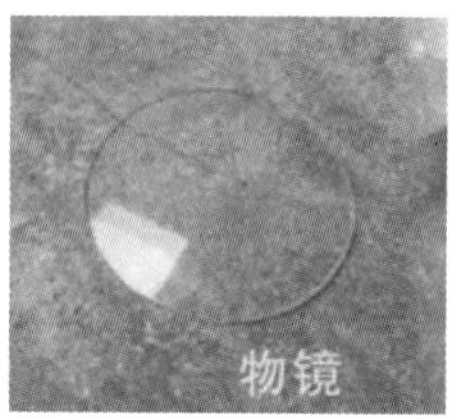

图 1–25　望远镜制作器材——物镜及规格

（2）短焦平凸（双凸也行）透镜 1~4 块。

（3）纸筒、瓦楞纸（或用纸自己卷制），如图 1–26 所示。

图 1–26　望远镜制作器材——简易镜筒材料

（4）小镜子、胶水、剪刀、美工刀等。

【活动步骤】

步骤一，物镜制作。

镜片用白板纸（厚纸）来卷制外筒，主要是为了方便安装到物镜筒身上，卷的厚度由物镜筒内径来决定，卷到直径大小刚好放进物镜筒内为准。物镜口径 5cm，要做一个 3cm 的光栅。物镜焦距 80cm，物镜筒的长度只能比焦距略短 20cm 左右（如图 1-27 所示）。

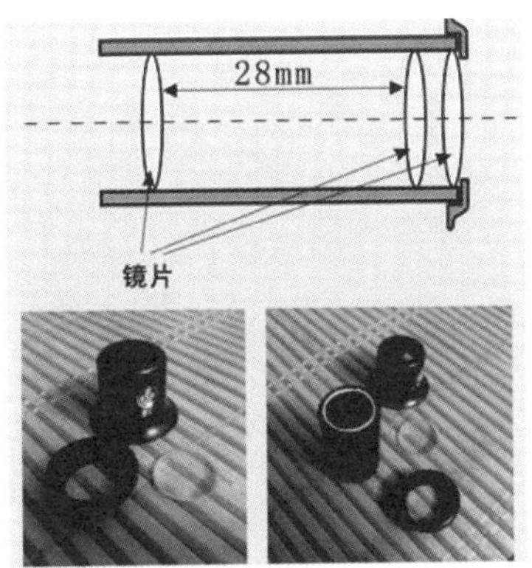

图 1-27　望远镜简易目镜筒制作

步骤二，目镜筒制作。

目镜筒用 250 克左右的白板卡纸（牛皮纸之类的厚纸也行）来做，多卷几层，达到一定的厚度。卷好后可在内壁做一光栅，最好是几个光栅，根据镜筒的长度来制作，笔者做最多达到三个，即在目镜筒里隔几厘米就做一个光栅，这样可有效地减少光在内壁的漫反射，令观察不再受到杂光的影响，对成像质量有很大的保障。接着就做一个目镜接筒，主要是把目镜插入，方便更换不同焦距的目镜以组成不同的放大倍率（如图 1-28 所示）。

图 1-28　望远镜简易目镜筒制作

目镜接筒可按图示方法来做，最后用胶水粘在目镜筒上即可，为了美观可在物镜筒和目镜筒的外面粘上一层音箱纸、墙纸之类的胶纸，颜色可以根据个人的喜好来粘贴，不一定要黑色。

步骤三，正像镜制作。

向镜的外壳用包装纸箱的瓦楞纸来做，有厚度和一定的强度而且材料易找和便于粘贴，里面粘一块小镜子（如图 1–29 所示）。

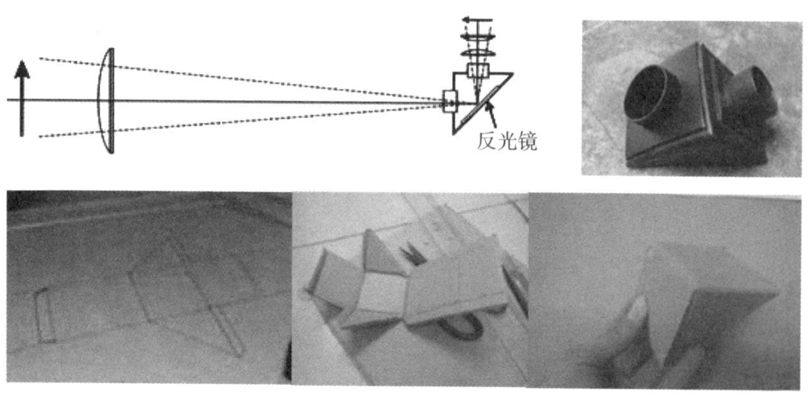

图 1–29 望远镜简易正像镜制作

步骤四，组装望远镜。

把步骤一~步骤三按照图 1–30 的顺序组装起来。

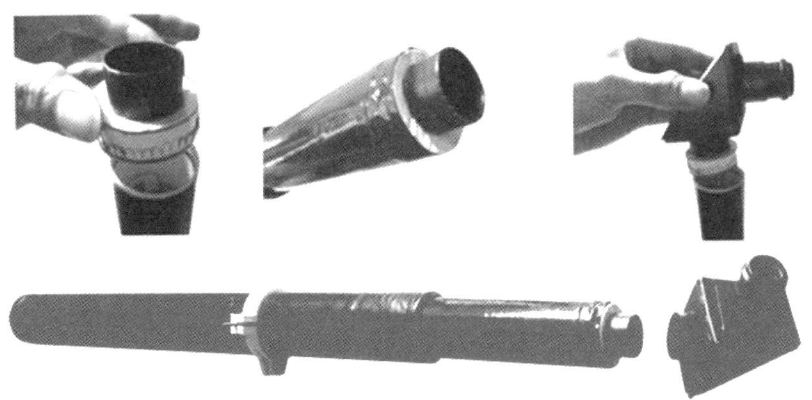

图 1–30 望远镜组装

【实践操作】

（1）自制望远镜。

（2）思考制作望远镜需要特别注意哪些地方？提出改进措施。

【注意事项】

（1）镜片易碎，安全使用剪刀等工具。

（2）制作时要求测量准确，以保证望远镜质量。

第二章
校园天文台及望远镜操作

第一节
校园天文台科普望远镜 KPW400 简介及操作指导

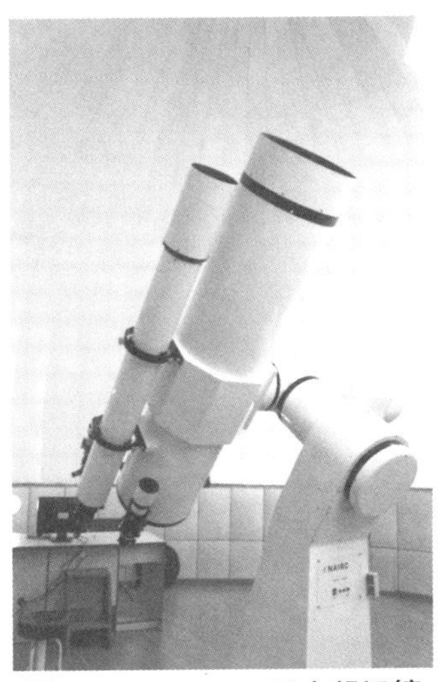

图 2-1　KPW400 天文望远镜

【活动目标】

（1）通过认识KPW400ZF科普天文望远镜，熟悉其操作原理。

（2）通过操作天文望远镜，学会日常使用及维护。

（3）通过学习使用天文望远镜，增强探索星空的乐趣。

【活动器材】

KPW400ZF科普天文望远镜。

【注意事项】

（1）天文望远镜昂贵，务必操作仔细，保证设备完好。

（2）社团成员较多时，注意维持操作秩序。

【活动步骤】

一、KPW400ZF型天文望远镜技术参数

1. 光学系统

（1）主光路

新型折射反射系统，全封闭式镜筒。口径为400mm，焦距为4800mm，焦距比为1/12，视场为40′。

（2）导星镜

折射双分离系统，有效口径为150mm，焦距为

1900mm，焦距比为 1/12.7，配小广角目镜为 f=28，2ω=70 度，放大倍率为 43 倍。

（3）寻星镜

折射双分离系统，有效口径为 80mm，焦距为 500mm，视场为 4 度。

（4）目镜

该望远镜配备六只目镜，R =100mm，K40mm、K25mm、K15mm、K10mm 及 W30mm，其中 W30 为带十字丝广角目镜，用于寻星，K25mm 目镜带可移动亮十字丝，兼做导星目镜。所有目镜可在三个镜筒上通用。

1）放大倍率：分别为 48X、120X、192X、320X、480X 及 160X。

2）太阳投影：配有太阳投影附件，可获得 174mm 标准太阳投影像。

3）天顶镜：配有天顶镜附件，可方便地观测天体。

4）公用接口：配有公用接口一只，可接天顶镜、太阳投影、照相机及目镜。

5）目镜接口：配有目镜接口一只，可方便地转接各种不同放大倍率的目镜。

2. 机械结构

镜筒：封闭式镜筒，焦点处备有安装多种接收器的接口，方便各种不同需要。

3. 电控制系统

（1）采用步进电机单片机控制系统采用德国式赤道跟踪仪，赤经、赤纬各用一只86型混合式步进电机驱动，极轴调整范围为±1°（如图2-2所示）。

赤经速度	赤纬速度
快动：±60°/分	快动：±60°/分
慢动：±1°~3°/分	慢动：±1°~3°/分
微动：±1′~3′/分	微动：±1′~3′/分

图2-2　赤道跟踪仪调整范围

恒动为15′/分跟踪精度为计算机离线情况下5″/分。

（2）自动找星。

由计算机控制，可以从任意初始指向定位出目标星，并使目标星尽可能位于主镜视场的中央。

（3）附件。

电视摄像及显示系统。

二、KPW400ZF型天文望远镜操作

1. 常用的接环

（1）焦点延长管：通过此管来使目镜能承接到离镜筒较远焦点的像，如图2-3所示。

图 2-3　焦点延长管

（2）目镜接口：把目镜接在有滚花固定螺丝的一侧，如图 2-4 所示。

图 2-4　目镜接口

2. 接口及附件示意图，如图 2-5 所示。

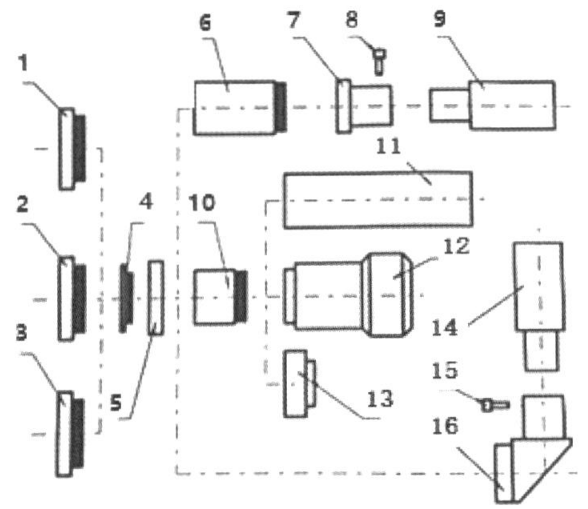

1、2、3 分别为主镜筒、导星镜、寻墨镜 M50×1 公用接口
4、5 为 M50×1–M42×0.75 转换接口
6. 2×加长接口
7. 目镜插口
8. 滚花锁紧螺丝
9. 目镜
10. 1×加长接口
11. 太阳投影镜
12. 广角目镜
13. 照相机接口
14. 天顶镜
15. 滚花锁紧螺钉
16. 目镜

图 2–5　接口及附件示意

3. 认识构造（如图 2–6 所示）

望远镜的三个光路都为卡塞格林系统，即目镜端在尾部的反射（或折反射）光路。

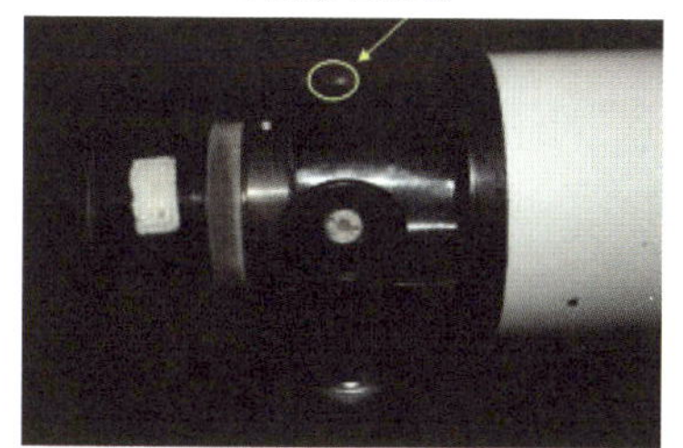

主镜目镜端

导星镜目镜端

图 2-6　目镜的构造

三、圆顶的使用

首先，下雨时避免打开圆顶。“手动/自动”按钮是用来选择圆顶是否听从电脑随动控制的。长时间不用圆顶，请把盒内蓝色开关断开。关闭圆顶时，按住“天窗下”按钮，到底时电动机会自动停止，但此时请放开此按钮，避免长时间按住，以防电路故障。

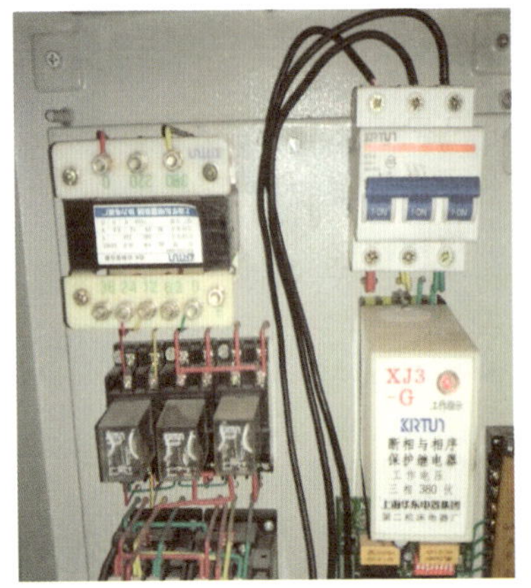

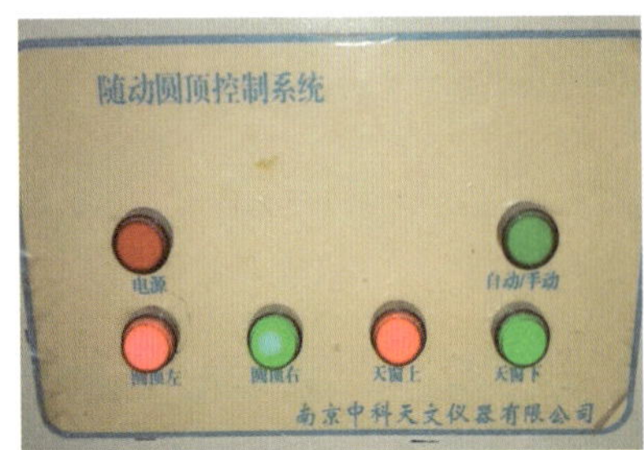

图 2–7　主电源控制箱

四、望远镜控制

1. 开机键为左边红色电源键

注：必要情况下请勿动右边的三个小按钮（红、绿按钮各为赤经和赤纬的保护开关，按下会暂时断开相应轴的恒动和保护），如图 2–8 所示。

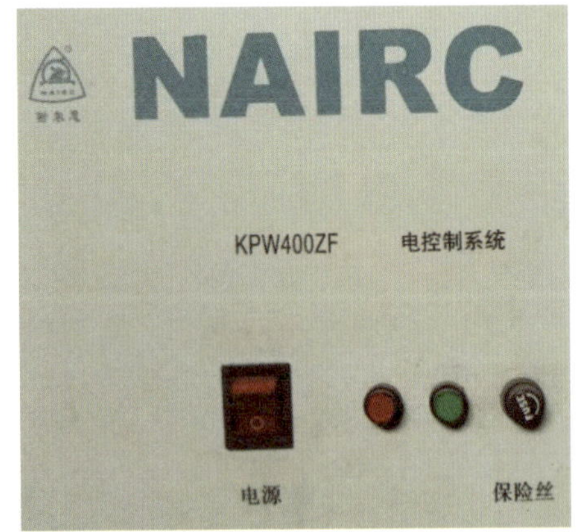

图 2–8　望远镜电源控制面板

开机后可能听到电机的响声，这是赤经轴的恒动。

2. 手控板

手控板有红、绿两色的两组按钮（如图 2–9 所示）。在这套望远镜上，红色按钮都控制赤经，绿色按钮都控制赤纬。（圆顶按钮除外）前面讲过快、慢、微三种模式的旋转速度，你只需按下相应按钮即可。

注：单击为点动，持续按着为开始旋转，直到放开按钮。

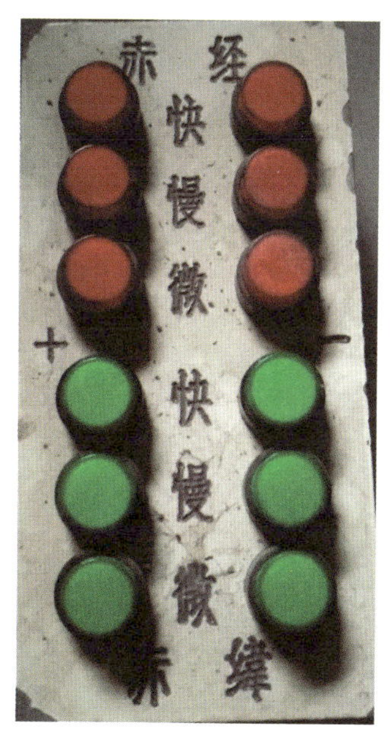

图 2–9　手控板

五、安装太阳投影镜

【注意】为避免发生危险事故，安装过程可以在望远镜未指向太阳时完成。拆下主光路公用接口，将太阳投影专用镜旋上固定到位。

（1）把两根固定杆分别装在主镜筒底部的两个螺纹孔中。

（2）将投影板装到柱上暂时固定（如图 2–10 所示）。

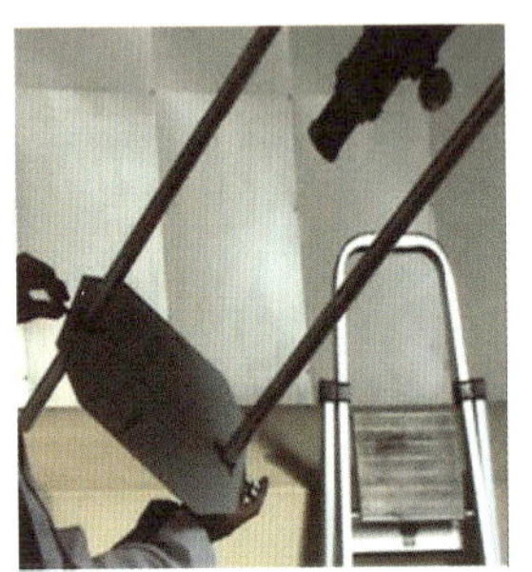

图 2–10　太阳投影镜安装图示

【实践操作】

（1）操作望远镜。

（2）观测太阳黑子。

操作注意事项：

第一，任何情况下，先用寻星镜寻找物体，因为寻星镜的视角更大，这样可以极大加快粗调的速度。

第二，观测不同物体时间不同：白天可作太阳目视和投影观测，可绘制标准的太阳黑子图；夜间可精细的观测月球、行星、恒星及星团；也可观测彗星、星云等视面天体。配上单反相机对以对各种天体照相（注意：拍摄时最好用快门线，以防按快门时连带望远镜抖动，造成天体成像模糊）。

第三，直接观测太阳注意事项：不要通过寻星镜、导星镜、主镜筒直接观察太阳，否则会严重损伤眼睛。需目镜观测太阳时，仅能在导星镜上进行。首先必须在导星镜上加装中性滤光片，然后将寻星镜盖（含滤光片）及主镜盖均盖上。做完上述准备工作后，可将目镜装入导星镜的目镜插口即可对太阳目视观测。

第四，观测结果好坏除了受望远镜自身客观因素影响外，还与诸如大气运动、地表的热气、光源污染等有关系。

第五，一定要按指导流程操作，以免造成不必要的损失。

第二节 Celestron 114 SLT 自动寻星望远镜简介及操作

【活动目标】

（1）通过观看操作指导视频，了解自动寻星望远镜的工作原理及使用规范。

（2）通过观测月球、太阳和深空天体等，掌握使用天文望远镜观测天体的操作方法。

（3）通过团队参观，形成良好的团队合作精神。

【操作简介】

Celestron 114SLT 自动寻星望远镜采用了新一代的计算机自动化技术，只要定位三个天空中的亮的星体，望远镜就可以工作。Celestron 114SLT 自动寻星望远镜功能强大，主要包括通过漫游星空的功能来观测天体、存储用户自定义的天体目标、控制超过 4000 个目标的综合数据库等，如图 2-11 所示。

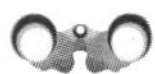

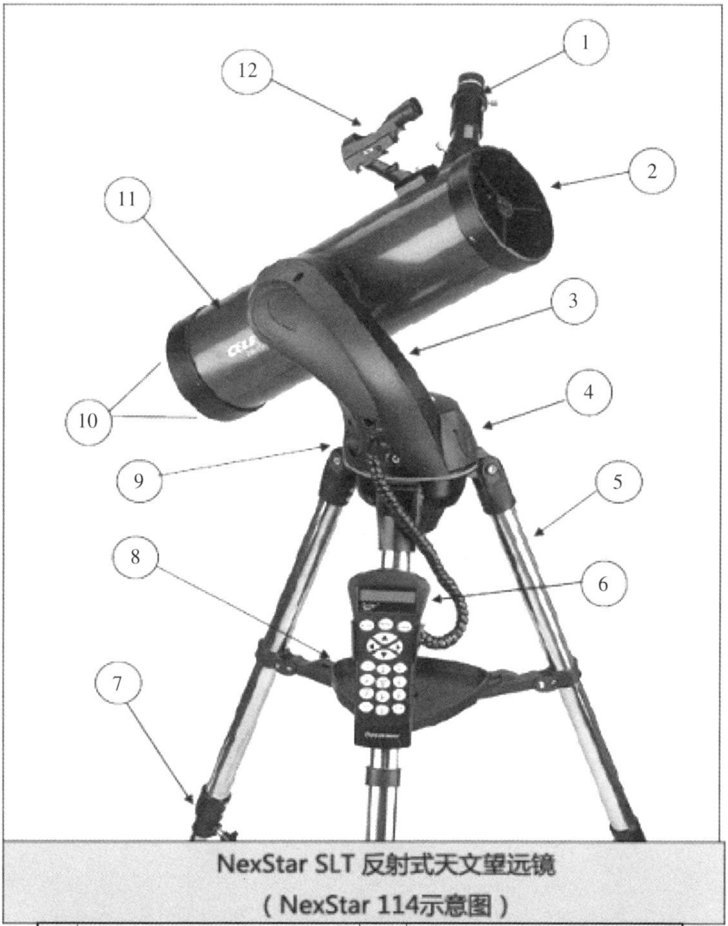
1
2
3
4
5
6
7
8
9
10
11
12
NexStar SLT 反射式天文望远镜
（NexStar 114示意图）

1	目镜	7	三脚架伸缩夹
2	副镜	8	附件盘
3	叉臂	9	电源开关
4	电池盒	10	准直调节旋钮
5	三脚架	11	光学镜筒
6	手控器	12	星点寻星镜

图 2-11　Celestron 114SLT 自动寻星望远镜图解

【注意事项】

（1）任何时候都不能直接用眼睛或通过望远镜观测太阳（除非具有适当的太阳滤光镜）。否则可能导致永久的、不可恢复的眼睛伤害。

（2）任何时候都不能用望远镜把太阳投影到任何表面上。否则内部聚集的热量可能损坏望远镜或望远镜上的附件。

【活动步骤】

1. 熟悉望远镜

参照望远镜结构示意图（如图2-12所示），熟悉望远镜各部件，并尝试用控制手柄控制望远镜转动及自动寻星。

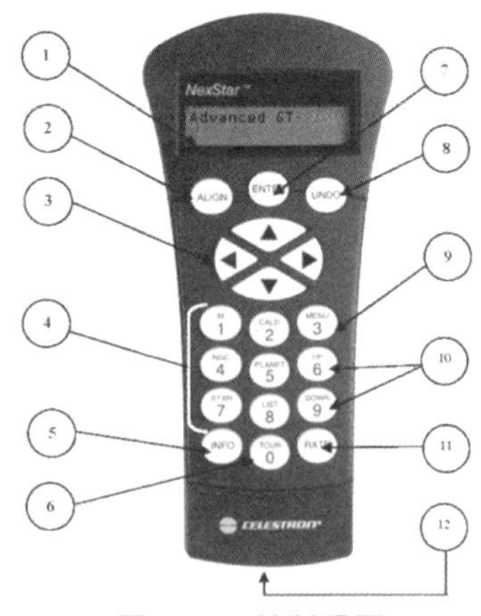

图2-12　控制手柄

2. 组装自动寻星望远镜

（1）组装附件（如图 2-13 所示）：将三脚架展开每一条腿直到位于中央的支撑架完全展开；安装附件盘，将其放置在位于三脚架中央支撑架的顶端；旋转附件盘，让附件盘中央孔套在支撑架中央的柱面；最后旋转盘面，让锁片滑动到位于支撑架上的锁扣中。

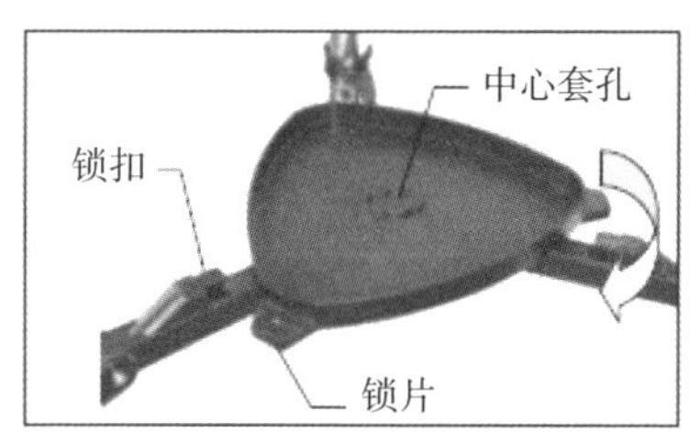

图 2-13 组装附件

（2）三脚架上安装叉臂（如图 2-14 所示）：安装好三脚架之后，松开位于三脚架固定平台下面的连接螺丝，就可以很容易安装望远镜镜筒和叉臂；望远镜的光学镜筒上有一个楔形架，将镜筒安装在叉臂上。

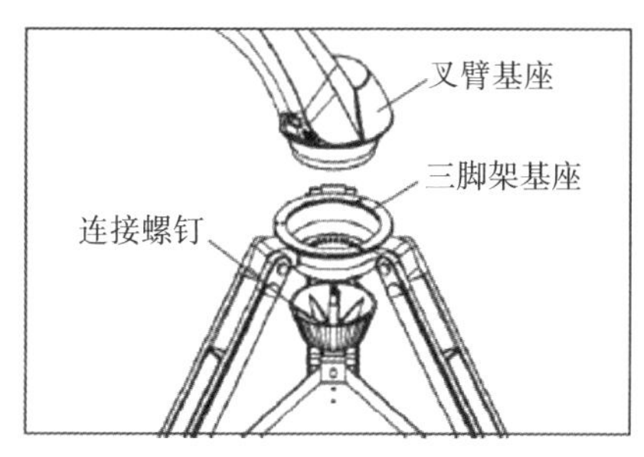

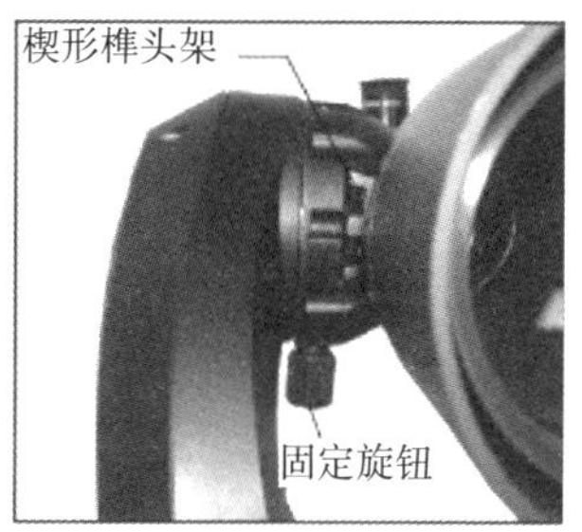

图 2-14 安装叉臂

（3）天顶镜：旋松调焦座上的压花螺钉，并摘掉调焦座的防尘盖；将天顶镜的铬金属部分，插入调焦座；捏紧压花螺丝，从而固定天顶镜。天顶镜可将来自望远镜光路上的光以直角方式转向。

（4）目镜：松开调焦座末端目镜筒上的压花螺钉，并取掉调焦座上的防尘罩；将低倍 25mm 目镜的铬金属部分插入目镜镜筒；拧紧压花螺丝，从而固定目镜。通常情况下，目镜的性能参数是焦距和口径。每一个目镜的焦距都会刻在目镜镜筒上。焦距越长，目镜的放大倍率越低。

（5）星点寻星镜（如图 2-15 所示）：寻星镜是让望远镜准确地指向天空中的一个期待天体目标最快捷、最容易的方法。它就像一个激光指示器，可以直接指向夜空中的目标。星点寻星镜是一个没有放大倍率的指示工具，它有一个镀膜玻璃窗口，上面有一个小红点图像。当用双眼观看寻星镜时，只需简单地移动望远镜，直到寻星镜上的红点和眼睛看到的目标相重合即可。这个红点是由一个发光二极管产生的，它并不是一束激光，因此不会损害玻璃窗口和眼睛。星点寻星镜配有调节光亮的控制钮、两个方向调节旋钮和固定支架。在使用星点寻星镜之前，必须将其安装在望远镜镜筒上，并适当校准。

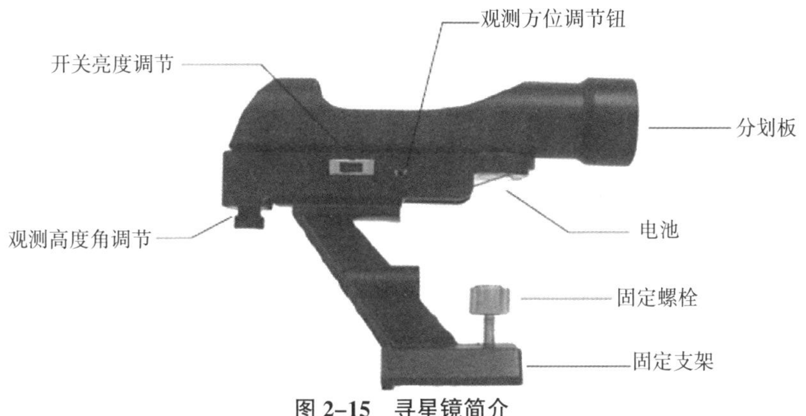

图 2–15 寻星镜简介

3. 手控器校准

在校准过程中，最常用的方法为星空校准。星空校准是校准望远镜并进行观测的最容易的方法。即使不知道天空中的任何一颗恒星，通过查找日期、时间和位置等基本信息，可让望远镜在数分钟内校准。只需要简单地将望远镜瞄准任意三颗天空中的天体。因为星空校准不需要星空知识，因此不需要知道瞄准的恒星的名字。然后，望远镜就开始寻找并根据它数据库中的任何天体。在准备校准望远镜之前，应该把它放在室外，并且安装好所有配件（目镜、天顶和寻星镜）以及取下物镜盖。星空校准步骤如下：

（1）将位于叉臂侧面的电源开关拧到“ON”位置，打开寻星望远镜电源。一旦连通电源，手控显示屏就会显示 SLT。按下回车键（ENTER）选择星空校准。按下校准键（ALIGN）就会绕开其他校准方式和滚动文本，并且自动开始星空校准。

（2）一旦选择了星空校准，手控器就会显示“如果认可，请回车”“取消并编辑”和“保存设置”。液晶屏的下面就会显示目前的时间或者上一次使用望远镜的时间。

（3）使用手控器上的方向键回转望远镜指向天空中任何一个天体。让它对准寻星镜上的红点，并按下回车键。

（4）如果寻星镜和望远镜已准直，现在在目镜的视场中就可以看到对准的恒星了。手控器会要求将对准星定位在目镜视的中心，并按下校准键。这颗星就是第一颗校准星。

（5）第二个校准目标应选择离第一个校准目标尽可能远的恒星或行星。再次使用方向键将这个目标定位在寻星镜的中心，并按回车键。然后，再次定位在目镜视的中心，并按校准键。

（6）将这个过程重复应用在第三颗校准星上。当望远镜已经对准了最后一颗星，显示屏将会显示“确认匹配”。按 UNDO 键显示对准的三颗发光天体的名字，或者按回车键同意使用这三个天体进行校准。

4. 天文观测

（1）观测月球。

观测月球的最好时间是在上弦月到下弦月。较长的影子揭示了月球表面的大量细节。在低倍率望远镜下，在某一时刻看到大量月球圆盘。改变到较高倍率用于对准一个较小区域。从 MENU 跟踪速率选项中选择月球（LUNAR）跟踪速率以保持月球始终在目镜中。

月球观测提示：用月亮滤光镜能增加反差并看到月球表面细节，实用月球滤光器。一个灰色中性滤光片或偏振滤光片会减少整个表面亮度，而黄色的滤光片将会很好地增加反差（如图 2-16 所示）。

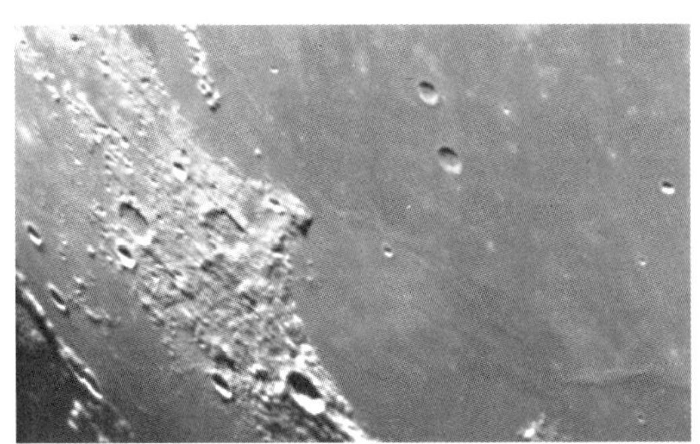

图 2-16 月球表面

（2）观测行星。

行星观测提示：大气条件通常是可看见行星细节多少的限制因素。因此，避免在行星离地平面较低时观测行星。为了增加反差和行星表面的细节，要使用星特朗

目镜滤光镜，图 2–17 是木星观测照片。

图 2–17　木星观测照片

（3）观测太阳。

虽然观测太阳经常被业余天文爱好者舍弃，但是观测太阳是有益和有趣的。然而，由于太阳光太强，在观测时必须采取特殊的措施，以避免伤害眼睛或望远镜。

永远也不要通过望远镜投影太阳图像。否则，镜筒内部可能积聚大量热量，这样就可能损害望远镜或望远镜上的配件。为了安全地进行太阳观测，请使用太阳滤光镜降低太阳光强度。利用滤光镜，当太阳黑子穿越太阳圆面时你能看到它。

太阳观测提示：首先，观测太阳的最好时间为清晨或傍晚空气比较凉爽的时候；其次，在不看目镜的情况下对准太阳，可以看望远镜镜筒的影子，调节到它形成一个圆形阴影即可；最后，为了确保 SLT 模式中准确跟

踪，一定要选择太阳跟踪速率，图 2-18 是老师对学生进行实地观测指导。

图 2-18　实地观测指导

【反思总结】

第一，总结 Celestron 114SLT 自动寻星望远镜的观测流程及操作注意事项。

第二，实践活动后，督促学生自主观测深空天体。

第三章

天象馆与四季星空

第一节
校园天象馆简介
——运用单球式天象仪认识四季星空

【学习目标】

(1) 知道单球式天象仪电控系统的组成、原理以及运行方式。

(2) 学会运用单球式天象仪，观察四季星空和星座。

(3) 探索四季星空与地球公转的关系。

(4) 通过实践，培养学生对天文知识的兴趣。

【原理解读】

1. 单球式天象仪

单球式天象仪主要由主机和附属仪器组成。主机主要由支架、主球体、驱动电机、光学镜头、镀铬星板以及其他机械部分、电控部件构成。附属仪器主要由云台、幻灯机、快门与投影仪、方位灯、日月食、朝晚霞、流星雨、彗星、太阳系等构成。天象仪主机结构图及各主要组成部分名称如图 3–1 所示。

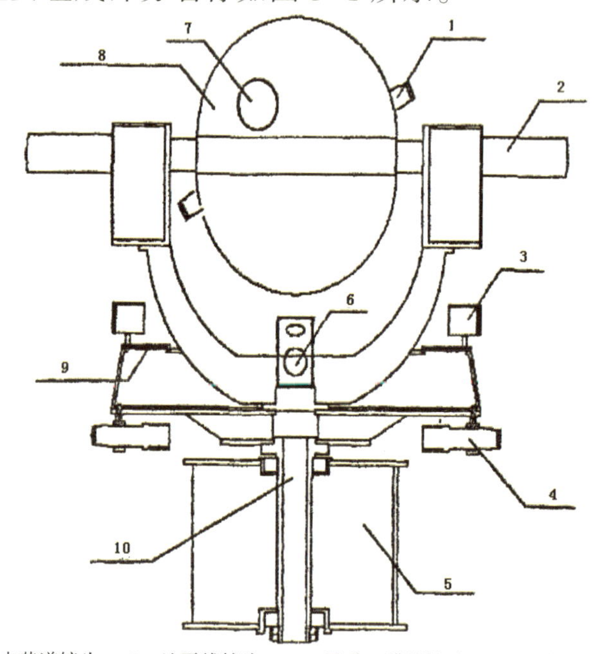

1—赤黄道镜头　2—地平线镜头　3—晨昏、朦影镜头　4—方位灯镜头
5—支架　6—子午线镜头　7—恒星镜头　8—主球体
9—蓝白光　10—立柱

图 3–1　单球式天象仪主机结构

天象仪电控系统的控制任务是根据天文节目的实际要求，利用计算机系统指挥天文仪主机和附属仪器作有序的运行，协调他们之间的相互关系，使得动作、声音、图像之间同步协调。传统天象仪的控制是通过控制面板上的按钮、旋钮、开关，手动操作设备，配合录音机或 CD 机上播放配音，实现节目演播。天象仪控制系统总体功能如图 3–2 所示。

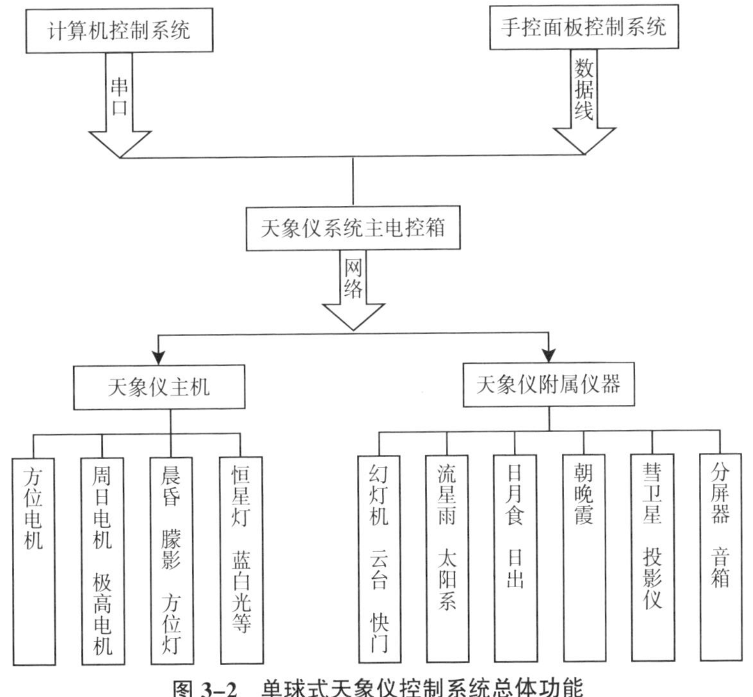

图 3–2 单球式天象仪控制系统总体功能

天象仪机械部分主要用于实现各种运动。它不仅仅能用恒星营造出一个人造星空，它还需要模拟由地球自

转而引起的各类天体在天幕上的运行，包括地球的自传而引起的星辰的东升西落等。

2. 四季星空图

在四季星空图中，人们为了研究宇宙星体的方便，以地球为原点所假想的一个球体，即“天球”。再把所有恒星投影到这个“天球”上，图 3–3 至图 3–6 中的黄线代表“黄道”，十二黄金星座都位于这个黄道上，红线代表“天赤道”。

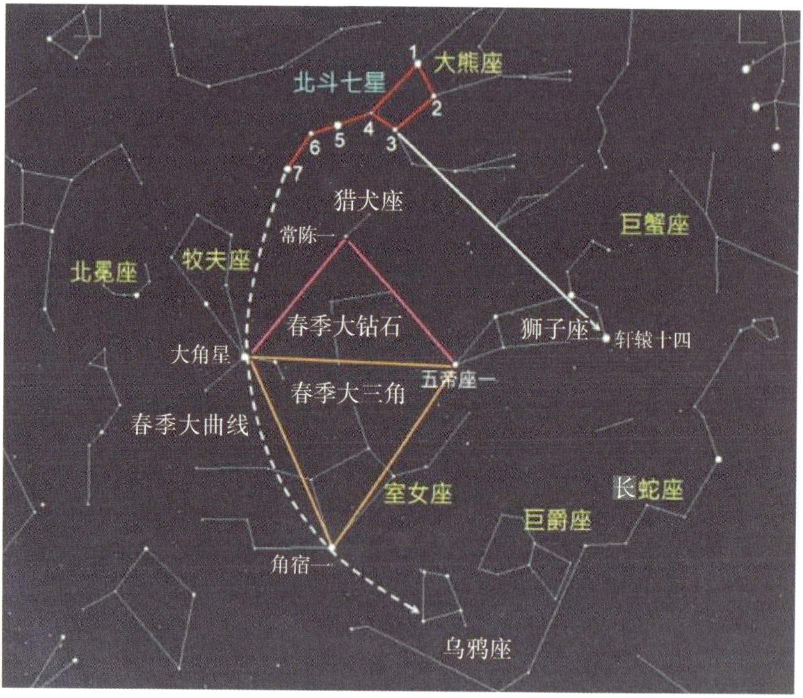

图 3–3　春季星空

春季星空的主要星座有大熊座（北斗七星）、狮子座、小熊座、牧夫座、猎犬座、室女座、乌鸦座、长蛇座（如图 3–3 所示）。

夏季星座主要有天鹅座、天琴座、天鹰座和天蝎座等（如图 3–4 所示）。

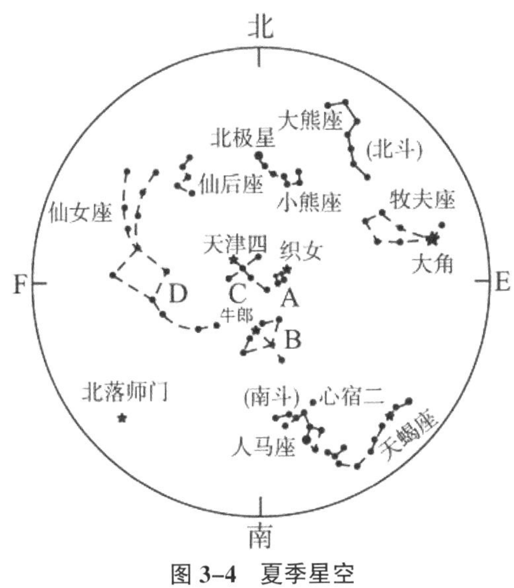

图 3–4 夏季星空

秋季星座主要有仙王座、仙后座、仙女座、英仙座和飞马座（如图 3–5 所示）。

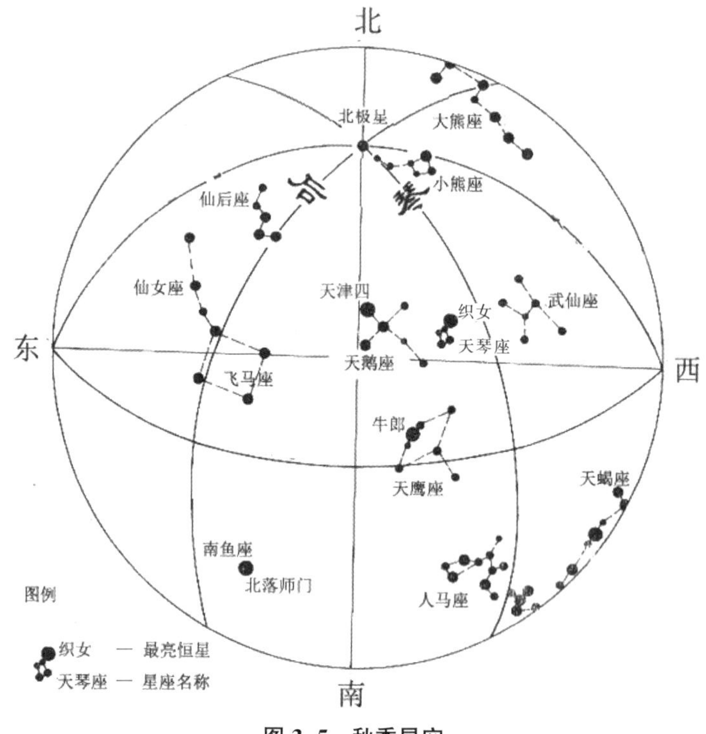

图 3–5　秋季星空

冬季星座主要有猎户座、金牛座、御夫座、双子座、小犬座和大犬座等（如图 3–6 所示）。

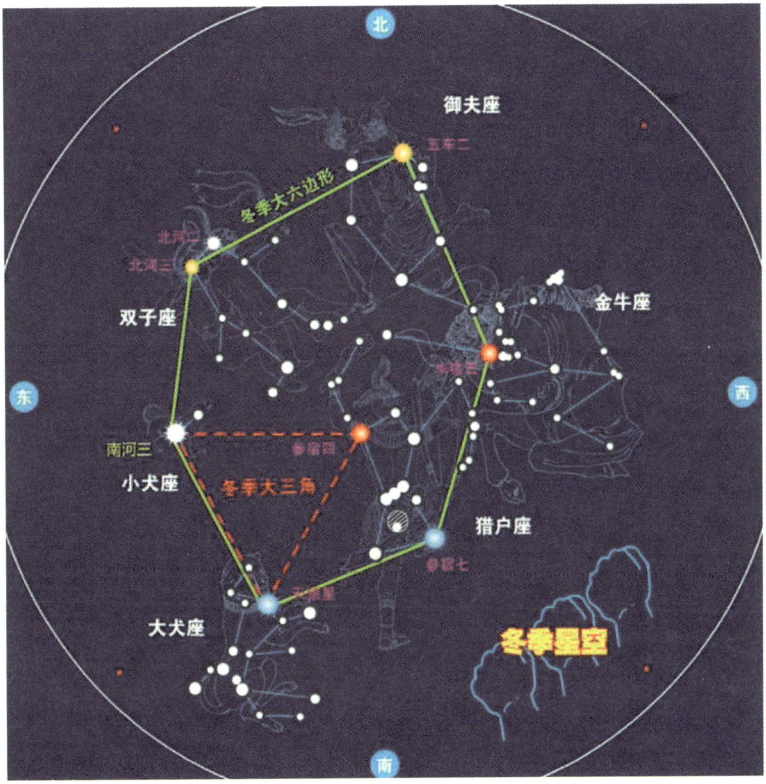

图 3-6　冬季星空

【活动器材】

有关星座的图片、文字及影像资料等、透明胶片、投影仪、幻灯机、指南针、各种星图，地球公转示意图，多媒体电脑。

【注意事项】

第一，星图中点的大小表示我们看到天体的亮度，而不是表示天体的远近大小。

第二，星象定位准确、星板图像拼接准确、无误。

第三，由于天象仪节目是在黑暗环境下表演的，操作人员需要熟悉各个控制按钮、旋钮等的位置并根据节目内容熟练操作。

第四，使用星图时将一端对着自己的头顶，另一端对着南（北）地平线方向。选用星图时要清楚自己所在的纬度。

【活动步骤】

步骤一，动手操作并启动单球式天象仪。

步骤二，投影并辨认四季星空图。

步骤三，认识四季星空的星座分布。

步骤四，利用星座辨认方向。

【活动记录】

1. 认识星空

（1）春季星空辨识特征。

1）“春季大曲线”由北斗七星斗柄向东南方向大角星

向东南方向角宿一构成的曲线。

2）“春天大三角”由牧夫座的大角星、室女座的角宿一、狮子座的尾星（β 星）组成巨大的等边三角形。

（2）夏季星空辨识特征。

1）“夏季大三角”由位于银河之中的天津四和织女星、牛郎星共同组成的大等腰三角形，牛郎星为顶端。

2）“七月流火”指农历七月天蝎座出现在黄昏星空中，夏季到来，炎热将至。

3）“大火西流”指每年从夏到秋，心宿二在黄昏的星空中逐渐西沉，表示秋季的到来。

（3）秋季星空辨识特征。

1）秋季星空的“认星助手”为仙后座，由五颗亮星组成英文字母“W”形，它位于银河里，开口朝向北极星，每年 9 月下旬以后还可用它来寻找北极星。

2）飞马座为秋夜星空的中心，仙女座的邻居。“飞马——仙女大方框”是秋夜星空中极为显著的标志。

3）仙女座位于仙后座南方，呈曲线形。

4）英仙座位于仙后座东北方，有明显的弯弓形状，呈反“人”字形。

5）仙王座位于仙后座西北方，星尖五遗形，是最接近北极屋的星座，秋季最为耀眼。

（4）冬季星空辨识特征。

1）“冬季大三角”由南河三、天狼星、参宿四共同组成的巨大等边三角形。

2）“三星正南，家家拜年”指在除夕夜晚八点左右，猎户座“三星”高挂正南天空，“兰星”即福星、禄星、寿星给人们带来的吉祥。

3）“新年的花环”指由参宿七、毕宿五、五车二、北河三、南河三、天狼星共同组成的冬日星空大六边形，像花环一样，给经历了冬去春来的人们带来了新年的祝福。

2. 认识星座

星座是为了便于认识恒星，人为划分天球所成的若干区域。辨认不同星座的依据就是由各星座中主要亮星组成的不同的几何图形。1928 年国际天文学联合会将全天统一划分为 88 个星座，这就产生了目前国际通用的星座（见《天文爱好者手册》P468）。

每一个星座都有其独特的形状，并占据一定的空间，每一个星座的形状是由区域中较亮的恒星联想不同的图形，这些图形往往是结合神话故事，用人物、动物、器具加以命名，星空中仅用动物命名的星座就有 45 个，故有“星空动物园”之称。四季星空以动物命名的若干典型星座如图 3-7 所示。

图 3-7 四季星空以动物命名的若干典型星座

3. 利用星座辨认方向

认星歌有“认星先从北斗来，由北往西再展开”。大熊星在我国北方终年可见，这个星座最显耀的部分是由七颗亮星组成的“勺子”，又称北斗七星，常被用来作为指示方向和认识其他星座的标志。

利用北极星辨认方向，方法：面对北极星，前面是北，后面是南，左边是西，右边是东（如图 3-8 所示）。

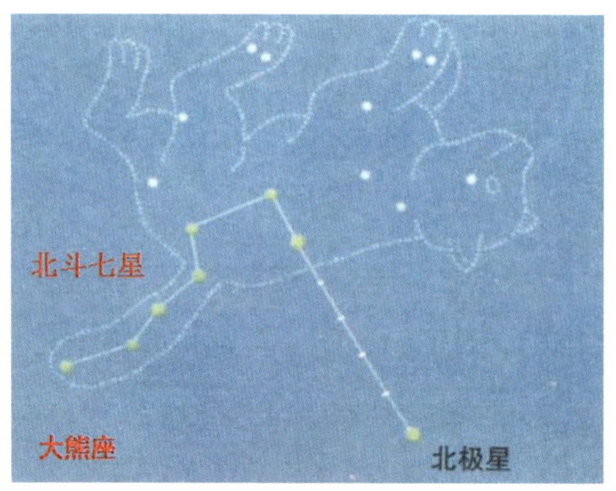

图 3-8 利用星座辨认方向

【反思总结】

（1）校园天象馆里单球式天象仪，通过投影原理将恒星、坐标线，营造出一个天球。并将投影的各种星空图呈现于天幕上，从而形成一个多姿多彩的天球，能基本满足科普宣传、教学的需求。

（2）不同亮度的恒星角半径都非常小（基本上为一个点，太阳除外），故对应在球幕上的星点像斑。为了表示不同的亮度，只能靠星象的面积表示，与真实星空有一定差距。

（3）操作单球式天象仪是，注意开启及关闭各按钮的先后顺序。

（4）通过学生实践，学会辨认四季星空图，认识一些典型星座。

（5）每周社团课，充分利用校园天象馆，开展天文活动，不定期地举行天文地理知识抢答赛，培养学生对天文地理的浓厚兴趣。

第二节 春季和夏季星空 ——找找北斗七星、狮子星座

【活动目标】

第一，了解利用活动星图进行星空观测的原理和方法。

第二，借助星图观测春季星空、夏季星空。

第三，找一找北斗七星、狮子星座。

【原理解读】

星图与活动星图

观测天体，星图必不可少。星图是把天体在天球上的视位置投影到平面上而绘成的图，可以用来表示天体的位置、亮度和形态等。星图上一般均注有坐标，现代大部分星图采用赤道坐标，即用赤经和赤纬来表示天体

的位置。恒星的亮度在星图上用大小不同的星点来表示。当代最著名的星图是《帕洛玛星图》，它是美国国家地理学会和帕洛玛天文台合作拍摄并出版的世界上最大的星图。目前国内可以买到的、最好的业余天文观测星图是由北京天文馆编印的《新编全天星图》。

为了便于星空观测，还有一种活动星图（也称转动星图），它能够帮助初学者认星。活动星图是根据太阳的周年视运动和天球的周日旋转，把赤道坐标系和地平坐标系联系在一起，并使前者绕着天北极相对于后者转动而制作的，由星盘和地盘构成。

星盘（地盘）：是一幅天球的极投影展示图。盘心为天北极，盘上绘有赤经、赤纬网。盘的周边有以时间为单位的赤经标度和月份、日期的刻度。另外还标有太阳的周年视运动轨迹——黄道，并注明了太阳在黄道上的日期。盘上两条点线所划定的区域，表示银河分布的大致范围。

地盘（上盘）：绘有指定地理纬度的地平坐标网（透明）图，注有方位和高度（每隔10度一条）。它有一个透明的椭圆形窗口，即为观测者所见的填空范围。盘的周边绘有时间刻度（表示观测点的地方视时）。因而，在选用活动星图范围时，使用者应注意观测地的纬度。

图 3-9 旋转星座

春季星空

春夜的星空是迷人的。银河从南出发，蜿蜒流向北方，中部略向西弯。银河以西的几个冬夜星空的著名星座：金牛、猎户、大犬座由于接近西方地平而变的难以观测了。处于银河之中的仙后、英仙、御夫星座也不易见到。

在天顶以北，大熊座正在子午圈上，北斗七星当空高悬，几乎靠近天顶，斗柄指向东方，所以在我国古代就有“斗柄东指，天下皆春”的说法。连接斗口的两颗星（β 和 α），并延长到这两颗星距离五倍远的地方，就会找到较为明亮的北极星（小熊座 α 星）；沿着斗柄几

颗星（δ、ε、ζ、η）连成的曲线延长出去，可以找到大角星，它是牧夫座的最亮（α）星，在东方半空中闪耀着橙色的光辉。

向南看去，雄伟的狮子座正在天空中，它是春夜星空的中心，头部像镰刀，尾部像三角形，头西尾东，很像一只狮子。它的最亮（α）星，叫轩辕十四，位于黄道上，月亮和行星经常运行到它的附近。狮子座的南面有横跨天空的长蛇座，头西尾东，已全部展现在天空中。

由大角、角宿一和狮子座β星构成的三角形，称为“春季大三角”（如图3–10所示）。

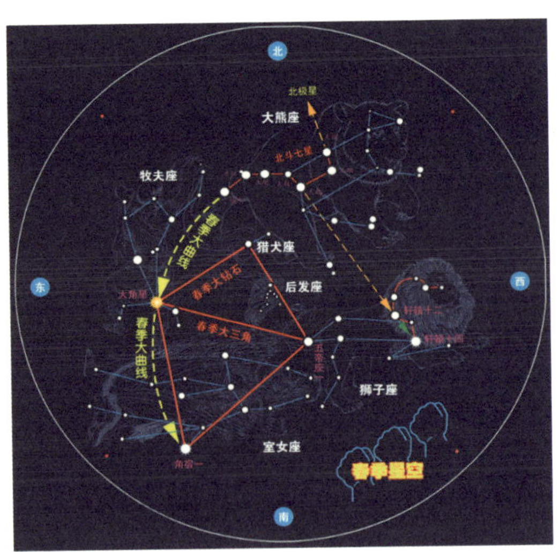

图3–10　春季大三角

夏季星空

夏夜的银河，横贯南北，气势磅礴，最引人注目的是银河带的几个星座。织女星和牛郎星在银河两“岸”放射光芒，织女星是天琴座α星，牛郎星也叫河鼓二，是天鹰座α星，和银河之中的天鹅座α星，中文名字叫天津四，构成了“夏季大三角”。夏季的银河极为壮美，但只能在没有灯光干扰的野外才能欣赏到。

北天，大熊座中的北斗七星正在西北方的半空中，斗柄指南。用北斗二（β）和北斗一（α）的连线延长就可以找到北极星。北极星是小熊座（α）。四季星空出现的所有星座都是年复一年地围绕着它旋转的。小熊座的南边，是蜿蜒曲折的天龙座，它正在子午圈上。天龙座的头部由β、γ、ν、ξ四星组成，是个小四方形。

由牛郎星沿银河南下，可找到人马座，其中的6颗星（μ、λ、φ、δ、τ、ξ）组成“南斗六星”，与西北天空大熊座的北斗七星遥遥相对。人马座部分的银河最为宽阔和明亮。因为这是银河系中心的方向。

【活动器材】

（1）活动星图、双筒望远镜、红光手电筒。

（2）指南针（定观测点处的南北方向）。

（3）铅笔、白纸、笔记本。

【注意事项】

（1）观测场地。最好是海滩，或者有一定海拔高度的平原、高原，要求自然地平，观察视线尽量少被阻挡。城市里应选择郊区高地或高大建筑物顶层平台。周围灯光应较少，特别是城市主干道、写字楼、广场等处的照明光源对观测干扰很大，尽量避开。

（2）观测时间。天气晴朗的夜晚，有月光也无妨。有月光的夜晚，初学者识别星座可能更容易一些，因为较暗弱的天体在月光更不容易被观测到，反而有助于观测者识别星座主体。

（3）观测器材。肉眼观星，初学者也可以使用 7 × 50 或 10 × 50 双筒镜。

（4）开展观测活动前，请先让眼睛有 10~30 分钟的时间适应黑暗。

（5）若无红光手电筒，则在普通手电筒上贴红色塑胶纸或包上一块红布，因为黑夜里眼睛对红光较不敏感。

【活动步骤】

步骤一，选择活动星图。选择一张符合观测点当地纬度的活动星图（一般的活动星图从北纬 25°~45°的比较多）。

步骤二，调整活动星图。旋转活动星图底盘，使底盘上的日期和上盘时间正好与观测的日期和时刻相吻合（上盘地平圈透明窗口内显露出来的部分星象就是当时可见的星空）。

步骤三，双筒望远镜观星。找到星空并通过肉眼辨认后，还可以利用双筒望远镜进一步观测：

（1）调节目距。调节望远镜两个镜筒之间的距离，直到左右视场合为一个圆形视场为止，这时两镜筒的出瞳孔距离便与人眼的两出瞳孔距离一致。

（2）调焦。先闭着右眼，用左眼看出去，转动望远镜的中调机构（手轮或者压板），直到清晰为止；再闭着左眼，用右眼看出去，调节右眼眼罩（可左右慢慢旋转），直到清晰为止。

（3）观察。将望远镜对准目标星座，慢慢转中调机构，双眼就能很快地看清楚目标星座。

步骤四，撰写观测日记：识别出星座后，画下星座草图，比照星图整理，一起记入观测日记。

【反思总结】

让小组同学从“坚持长期认真观察”“观察记录”“发现问题”等方面对自己和其他同学进行评价，激励学生继续对星空和星座进行中长期的观察，力争有新的

发现。

引导学生继续观察星空及自己感兴趣的星座。定期开展一些交流、展示活动，比一比谁能持之以恒地进行观察，看谁的发现多，谁发现了有价值的问题，人人争当“小天文学家”，使活动真正落到实处。

第三节
秋季和冬季星空
——找找秋季四边形、猎户座

【活动目标】

（1）了解利用活动星图进行星空观测的原理和方法。

（2）借助星图找到秋季星空大四边形、冬季星空大三角及猎户座。

【原理解读】

星图与活动星图（见活动6）。

秋季星空

飞马当空，银河斜挂，是秋夜星空的象征。秋季星空亮星不多，最引人注意的是出现在高空的飞马座。著名的秋季四边形就由飞马座的α、β、γ星和仙女座的α星组成。这四颗星星组成的大四角的作用非常多，不仅是作为秋季星空的标准，还有许多附带用途。第一，可以用来找北极星，无论是延长室宿一室宿二，或者延长壁宿一壁宿二，都能找到北极星；第二，反向延长壁宿一壁宿二，与黄道交点为春分点；第三，组成天空大勺子，且延长也能找到北极星，除了秋季大四角的四颗星星外，其他三颗星星是仙女座β、仙女座γ（天大将军一）、英仙座β（大陵五），称为秋季大勺子；第四，反方向延长室宿一室宿二，可以找到我们这季节能看到南方最亮的星星——北落师门，就是南鱼座α。

冬季星空

冬季的星空是壮丽的。全天最著名的猎户座是冬夜星空的中心，它由α、β、γ、κ四星组成一个长方形，被想象成一个勇敢的猎人，λ星为头，α、γ为肩，β、κ为两脚，中间有排列整齐的δ、ε、ξ三颗星，好像猎人的腰带，这三颗星我国民间把它叫作“三星”。在三星下方不远处，有一个肉眼可见的气体星云，就是著名的猎户座大星云。从三星连线向下方延长，那里有一颗全天最亮的天狼星（大犬座α星），它和小犬座最亮的星南河三（α）、猎户座的森宿四组成了著名的冬季大三角

（如图 3–11 所示）。

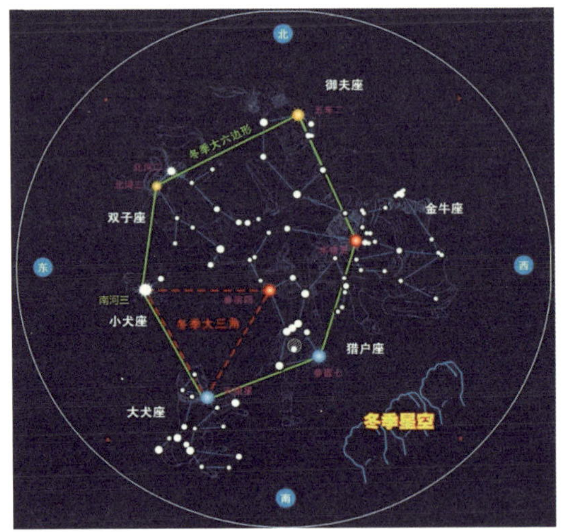

图 3–11　冬季大三角

【活动器材】

（1）活动星图、双筒望远镜、红光手电筒。

（2）指南针（定观测点处的南北方向）。

（3）铅笔、白纸、笔记本。

【注意事项】

（1）观测场地。最好是海滩，或者有一定海拔高度的平原、高原，要求自然地平，观察视线尽量少被阻挡。城市里应选择郊区高地或高大建筑物顶层平台。周围灯光应较少，特别是城市主干道、写字楼、广场等处的照明光源对观测干扰很大，尽量避开。

（2）观测时间。天气晴朗的夜晚，有月光也无妨。有月光的夜晚，初学者识别星座可能更容易一些，因为较暗弱的天体在月光更不容易被观测到，反而有助于观测者识别星座主体。

（3）观测器材。肉眼观星，初学者也可以使用 7×50 或 10×50 双筒镜。

（4）开展观测活动前，请先让眼睛有 10~30 分钟的时间适应黑暗。

（5）若无红光手电筒，则在普通手电筒上贴红色塑胶纸或包上一块红布，因为黑夜里眼睛对红光较不敏感。

【活动步骤】

步骤一，选择活动星图。选择一张符合观测点当地纬度的活动星图（一般的活动星图从北纬 25°~45°的比较多）。

步骤二，调整活动星图。旋转活动星图底盘，使底盘上的日期和上盘时间正好与观测的日期和时刻相吻合（上盘地平圈透明窗口内显露出来的部分星象就是当时可见的星空）。

（1）若要观测同一星空，可根据需要及天气等自己定几个时刻多次观测。如秋季观星可选择 10 月 5 日 23

时，10 月 20 日 22 时，11 月 5 日 21 时，11 月 20 日 20 时；冬季星空也可依情况定时，如 1 月 5 日 23 时，1 月 20 日 22 时，2 月 5 日 21 时，2 月 20 日 20 时。

（2）若观星时刻已定，如要在 10 月 5 日 23 时观测，则里面的时刻 23 就要调节到和 10 月 5 日这个格子重合的地方。

步骤三，肉眼观星。把活动星图举过头顶，使星图上的南北方向同实际的南北方向一致。这样，活动星图中透明窗口内显露出来的星象就是当时可见的星象，然后依据星图的标注去辨认星座。

（1）秋季星空。飞马座的大四边形是秋季星空中北天区中最耀眼的星象。飞马座位于仙女座西南，宝瓶座以北。它的 α、β、γ 三颗星和仙女座的 α 星构成了一个近乎正方形，它被称为“秋季四边形”（如图 3–12 所示）。这四颗星除 γ 星为 3m 外，其他都是 2m 星，所以

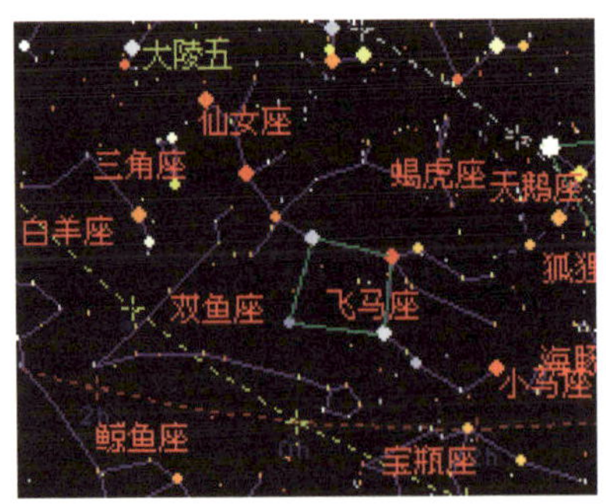

图 3–12　秋季四边形

这个四边形在天空中非常醒目。

（2）冬季星空。冬季是一年四季中亮星最多的季节，有不少星座非常好认。其中最引人注目的是高悬于南方天空的猎户座，夹在红色亮星参宿四（猎户座 α 星）和蓝白色亮星参宿七（猎户座 β 星）之间的三星（猎户座 δ、ε、ζ）被称为“猎人的腰带”。顺着三星向南偏东寻去，可找到全天最亮的天狼星（大犬座 α 星）。在参宿四的正东，另有一颗亮星南河三（小犬座 α 星）。参宿四、天狼星和南河三组成著名的“冬季大三角”，淡淡银河从中穿过，这部分银河是全天银河中最暗淡的部分。

步骤四，双筒望远镜观星。找到星空并通过肉眼辨认后，还可以利用双筒望远镜进一步观测，双筒望远镜如图 3-13 所示。

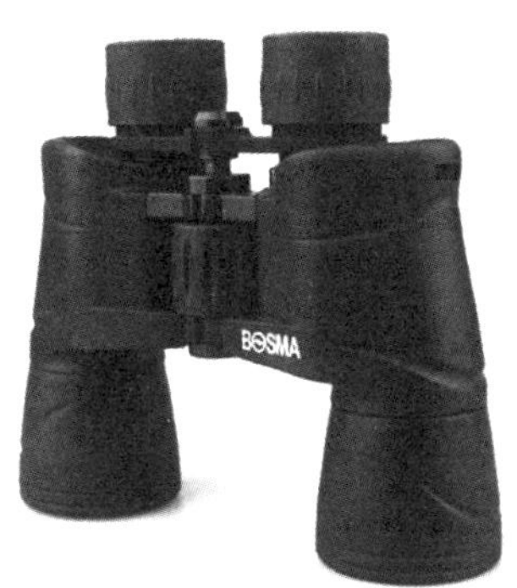

图 3-13 双筒望远镜

（1）调节目距。调节望远镜两个镜筒之间的距离，直到左右视场合为一个圆形视场为止，这时两镜筒的出瞳孔距离便与人眼的两出瞳孔距离一致。

（2）调焦。先闭着右眼，用左眼看出去，转动望远镜的中调机构（手轮或者压板），直到清晰为止；再闭着左眼，用右眼看出去，调节右眼眼罩（可左右慢慢旋转），直到清晰为止。

（3）观察。将望远镜对准目标星座，慢慢转中调机构，双眼就能很快地看清楚目标星座。

步骤五，撰写观测日记。识别出星座后，画下星座草图，比照星图整理，一起记入观测日记。

【反思总结】

观测过程中有时需估计天体的视大小和距离（用角度表示），可用一些简单的方法测量。将手臂伸直，五指并拢的宽度约为10°，食指相当于太阳或满月的宽度（0.5°），猎户座三星连线约1.5°等。利用这些数据，可以进行简单快捷的目视估测。

第四章

常见的天文现象及观测

第一节 太阳黑子及观测

【活动目标】

（1）了解利用天文望远镜进行太阳黑子观测的具体方法。

（2）观测太阳黑子的结构和形态特征。

（3）学会计算黑子的佛尔夫相对数，理解黑子的活动周期和意义。

【原理解读】

太阳是距离地球最近的恒星，是天空中最亮也是最便于观测的天体。太阳是一个巨大炽热的气体球，主要成分是氢和氦。太阳内部在高温、高压状态下，发生核聚变反应，释放出巨大的能量。太阳核心的温度可达1500万K，太阳表面温度约6000K。

太阳外部大气与地球大气类似，分为三层，从内而外是：光球、色球和日冕。光球是人们在地球上用肉眼所看见的太阳表层，厚度100~300km。黑子是光球表面时常出现的一些暗淡黑斑。色球是太阳大气的中间层，呈现美丽的玫瑰色，所以称作色球层，厚度约5000km。色球层大气稀薄，呈透明状态，平时，它被光球明亮刺眼的光芒湮没，一般看不到它，只有在日全食时，光球被月影全部遮挡住，才能看到这一层。耀斑是色球局部突然增亮的部位，与黑子密切相关。日冕在色球层以外，是太阳大气的最外层，可延伸数百万千米。日冕大气由高度电离的原子和自由电子组成，密度更加稀薄，所以，亮度与明亮的光球相比，实在是微不足道，也只有在日全食时，它才能呈现出本来面貌。

太阳黑子是在太阳的光球层上发生的一种太阳活动，是太阳活动强弱的标志。一般认为，太阳黑子实际上是太阳表面一种炽热气体的巨大旋涡，温度为3000~4500K。因为其温度比太阳的光球层表面温度要低1000~2000摄氏度（光球层表面温度约为6000K），所以看上去像一些深暗色的斑点。太阳黑子很少单独活动，通常是成群出现，黑子的活动周期约为11年。太阳黑子虽然颜色较“深”，但是在观测情况下，与太阳耀斑同样清晰显眼。太阳黑子一般成群出现在太阳表面，天文学家又将其称为“黑子群”。黑子的形成周期短，形成后几天到几个月就会消失，新的黑子又会产生。黑子是由本影和半影构成的，本影就是特别黑的部分，半影不太黑，是由许多纤维状纹理组成的。当大黑子群数量增多时，就预示着太阳上将有剧烈的变化。在开始的4年左右时间里，黑子不断产生，越来越多，活动加剧，在黑子数达到极大的那一年，称为太阳活动峰年。在随后的7年左右时间里，黑子活动逐渐减弱，黑子也越来越少，黑子数极小的那一年，称为太阳活动谷年。太阳黑子使地球南北极和赤道的大气环流作经向流动，从而造成恶劣天气，使气候转冷。黑子群对地球的磁场和电离层会造成干扰，并在地球的两极地区引发极光。图4-1是太阳黑子。

黑子对地球的影响很明显。当太阳上有大群黑子出现的时候，会出现磁暴现象使指南针乱抖动，不能正确

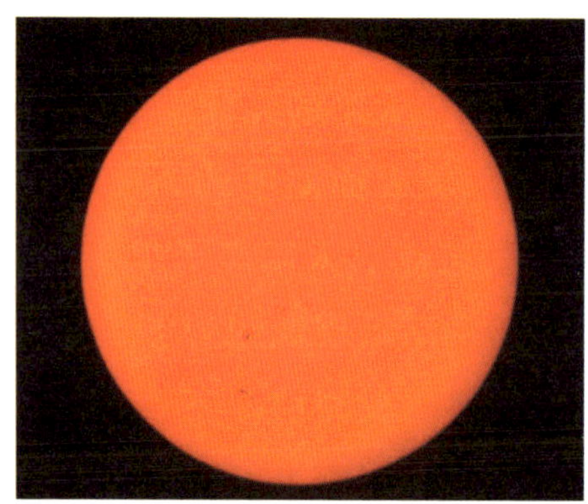

图 4–1　太阳黑子

地指示方向；平时很善于识别方向的信鸽会迷路；无线电通信也会受到严重阻碍，甚至会突然中断一段时间，这些反常现象将会对飞机、轮船和人造卫星的安全航行，还有电视传真等方面造成很大的威胁。黑子还会引起地球上气候的变化。我国科学家竺可桢研究指出，凡是中国古代书上对黑子记载得多的世纪，也是中国范围内特别寒冷的冬天出现得多的世纪。还有人统计了一些地区降雨量的变化情况，发现这种变化也是每过 11 年重复一遍，很可能也跟黑子数目的增减有关系。地震学家发现，太阳黑子数目增多的时候，地球上的地震也多。地震次数的多少，也有大约 11 年的周期性。植物学家也发现，树木的生长情况也随太阳活动的 11 年周期而变化。黑子多的年份树木生长得快；黑子少的年份就生长得慢。更有趣的是，黑子数目的变化甚至还会影响到我们的身体，

人体血液中白细胞数目的变化也有 11 年的周期性。而且一般的人在太阳黑子少的年份，感到肚子饿得较快，图 4-2 是对太阳黑子的观测。

图 4-2　太阳黑子观测

【活动器材】

天文望远镜（KPW400），软（2B）、硬（2H、HB）铅笔及红笔各一支，太阳黑子记录图。

【注意事项】

（1）观测太阳黑子的方法通常有两种。一种方法是目视观测，使用这种方法切记要加滤光片，在 F—120 镜中滤光片加在物镜上，而在 8803 镜中则加在镜后，并且要进行适当的挡光；另一种方法是投影观测，用 KPW400 望远镜的投影目镜将太阳投影在目镜后的太阳投影板上，像的半径通常是 50mm。

（2）由于太阳的光线强烈，所以不能用肉眼去直接观测，就像观测日食时，要用一块黑色玻璃片阻挡太阳的强烈光线，所以在进行对太阳观测的时候，在各个镜头上最好要有“滤光片”，它可以起到过滤阳光，保护眼睛的作用。

（3）观测时间。日像的清晰度受大气的清晰度、稳定度的影响，因此观测黑子的最佳时间是上午 8~10 时。

【活动步骤】

步骤一，安装天文望远镜。调节望远镜，使日面像进入视场，并按要求把记录纸固定在投影屏上，调节望远镜的焦距，使日像最清楚。调整投影屏的前后位置，使日像大小与观测记录纸上的圆重合。调节望远镜，使其沿着赤经方向来回微动。移动调整图纸，使黑子移动

方向严格地沿图纸上的东西方向运动（即图纸上的东西线与黑子移动方向一致）。

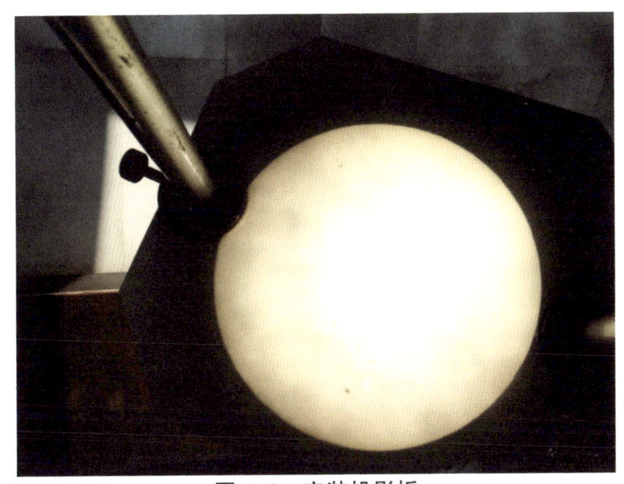

图 4–3　安装投影板

步骤二，接好投影板：使日像的投影半径为 50mm，刚好与观测记录纸的圆圈相符。

步骤三，反复调整记录纸的方位：使之与日轮相符，然后开动转移钟装置，进行同步跟踪观测。

步骤四，黑子的描绘：先用较软的铅笔描出黑子本影的轮廓，涂黑，再用较硬的铅笔画出半影轮廓，并用间线表示半影的范围。一般来说，先描画西边的黑子，再画东边的黑子；先画大的黑子，后描小的黑子群；若日面有明亮条纹和光斑，用红笔描画下来。

步骤五，时间的记录：在描画黑子前后均记录时刻，然后取两个时刻的中间值作为观测时刻，要求准确到一分钟，同时还要记下当时的大气情况：稳定度 r 和清晰度 s。这两个数据通常分为五级：

r＝1：太阳边缘绝对平静。

r＝2：太阳边缘极少骚动。

r＝3：太阳边缘骚动较大。

r＝4：太阳边缘骚动剧烈，起伏波动。

r＝5：太阳边缘起伏波动剧烈。

s＝1：太阳边缘轮廓鲜明，米粒组织清晰可见。

s＝2：太阳边缘轮廓略显弥散，米粒组织模糊。

s＝3：太阳边缘轮廓参差不齐，黑子半影弥散，米粒组织不可见。

s＝4：太阳边缘“爆发”，黑子极弥散。

s＝5：太阳边缘十分弥散，黑子极弥散。

计算黑子相对数：

（1）佛尔夫相对数公式：

$R = K\ (10g + f)$

式中，g 为观察时黑子的群数；F 为观察时单个黑子的总数。

（2）分群：按黑子的自然位置可算一群，如果是成对的或单个的黑子也算一群，详细参考苏黎世的黑子分群方法。黑子的个数一般按本影计算，比如一片半影中

有 5 个本影黑点，黑子的个数就算 5 个，另外单独一个半影黑子也算一个黑子。

（3）编号：为了计算方便，对黑子群进行编号。一般以每年元旦起编号，直至年底止。元旦这一天看到的黑子群中，最西边的一群编为第一号，然后向东依次为第二号、第三号……对于每一黑子群，以出现到看不到只用 1 个号码。

（4）K 值的确定：如果观测者只作短期观测，K 值通常取 K=1。

（5）计算 R 值。

图 4-4　学生观测太阳黑子

步骤六，根据观测，用铅笔绘制太阳光球和太阳黑子示意图，并计算太阳黑子的相对数。

【反思总结】

（1）描绘黑子时要求大小、形状尽可能一致，位置要准确。下笔时先轻描，当位置准确后再重描。先描本影，后描半影，全部描完后，再检查一遍，看是否有遗漏的小黑子。

（2）由于太阳是个球体，黑子群在日面边缘时的目视形状会和其实际形状相差很大，东西长度会大大缩短。因此对于刚从东面转出来的黑子群，等过两三天就可以看到它的真实面貌，而西面边缘的黑子会转到太阳的背面看不见。

（3）用铅笔描出太阳黑子的像，注意太阳黑子的颜色深浅，从而突出太阳黑子的中心。在描画太阳黑子时，切记不可将头部或者眼睛等身体部位置于投影屏和太阳投影镜之间，防止灼伤。

第二节
日食与月食的原理及观测

【活动目标】

（1）运用模拟实验的方法观察并研究日食和月食的形成原理。

（2）结合示意图辨析日全食、日偏食和日环食。

（3）利用恰当时机，使用天文望远镜观测日食或月食。

【原理解读】

日食，又作日蚀，在月球运行至太阳与地球之间时发生。这时对地球上的部分地区来说，月球位于太阳前方，因此来自太阳的部分或全部光线被挡住，因此看起来好像是太阳的一部分或全部消失了。日食只在朔，即月球与太阳呈现合的状态时发生。日食分为日偏食、日全食、日环食。观测日食时不能直视太阳，否则会造成失明。图 4-5 为日全食形成示意图。

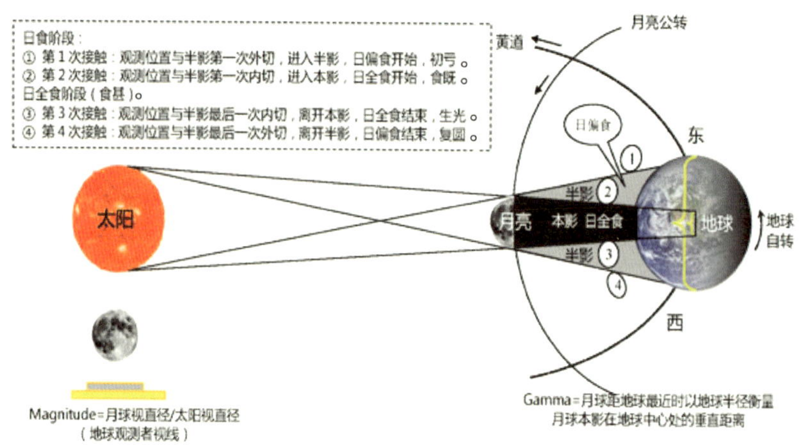

图 4–5　日全食形成示意

太阳比月球宽 400 倍，但离地球也是 400 倍远的距离。由于对称的缘故，月球的暗影，也就是落在地球表面的阴影，宽度正好可以遮住整个太阳。太阳光球完全被月球遮住，原本明亮的太阳圆盘被黑色的月球阴影遮盖。然而，也只有在日全食发生时才可能用肉眼观测到模糊的日冕。日全食只在月球位于近地点时发生，此时月球的本影锥长度较月地之间距离长，本影锥才能扫到地球表面。由于太阳的实际体积比月球大很多，所以日全食通常只能在地球上一块非常小的区域见到，因为月球的本影对太阳来说只是一个小点。

日偏食中国史书上称“日有食之，不尽如勾”，造成日偏食的原因是因为观测者落在月球的半影区中，观测

者会看见一部分的太阳被月球的阴影遮盖，但另一部分仍继续发光。太阳和月球只有部分重合，依据两者中心的视距离远近（太阳被月球遮盖的最大直径）来衡量食的大小。通常日偏食是伴随着其他食相发生，如日全食或日环食或日全环食。预测深圳市下一次日偏食将发生于 2019 年 12 月 26 日。图 4–6 为观测日偏食。

带食日落，树影后的日偏食

望远镜里的日偏食

图 4–6 龙城高级中学于 2010 年 1 月 15 日观测日偏食

当月球处于远地点时，月球的本影锥不能到达地球；到达地球的是由本影锥延长出的伪本影锥。此时月球的

视直径略小于太阳。因此，这时太阳边缘的光球仍可见，形成环绕在月球阴影周围的亮环（在环食区之外，所见的食相是偏食）。深圳市最近一次日环食发生于2012年5月21日，深圳市下一次的日环食将发生在300年后。

日食、月食是光在天体中沿直线传播的典型例证。月球运行到太阳和地球中间并不是每次都发生日食，发生日食需要满足两个条件。其一，日食总是发生在朔日（农历初一）。也不是所有朔日必定发生日食，因为月球运行的轨道（白道）和太阳运行的轨道（黄道）并不在一个平面上。白道平面和黄道平面有5°9′的夹角。其二，太阳和月球都移到白道和黄道的交点附近，太阳离交点处有一定的角度（日食限）。由于月球、地球运行的轨道都不是正圆，日、月同地球之间的距离时近时远，所以太阳光被月球遮蔽形成的影子，在地球上可分成本影、伪本影（月球距地球较远时形成的）和半影。观测者处于本影范围内可看到日全食；在伪本影范围内可看到日环食（如图4-7所示）；而在半影范围内只能看到日偏食。月球表面有许多高山，月球边缘是不整齐的。在食既或者生光到来的瞬间月球边缘的山谷未能完全遮住太阳时，未遮住部分形成一个发光区，像一颗晶莹的“钻石”；周围淡红色的光圈构成钻戒的“指环”，

整体看来，很像一枚镶嵌着璀璨宝石的钻戒，叫“钻石环”。有时形成许多特别明亮的光线或光点，好像在太阳周围镶嵌一串珍珠，称作“贝利珠”。无论是日偏食、日全食或日环食，时间都是很短的。在地球上能够看到日食的地区也很有限，这是因为月球比较小，它的本影也比较小而短，因而本影在地球上扫过的范围不广，时间不长，由于月球本影的平均长度（373293 公里）小于月球与地球之间的平均距离（384400 公里），就整个地球而言，日环食发生的次数多于日全食。

图 4–7 日环食

月食是一种特殊的天文现象，指当月球运行至地球的阴影部分时，在月球和地球之间的地区会因为太阳光被地球所遮蔽，就看到月球缺了一块。此时的太阳、地球、月球恰好（或几乎）在同一条直线上。月食可以分为月偏食、月全食和半影月食三种。月食只可能发生在农历十五前后月食的原理。在农历十五、十六，月亮运

行到和太阳相对的方向。道理。在一般情况下，月亮不是从地球本影的上方通过，就是在下方离去，很少穿过或部分通过地球本影，因此，一般情况下就不会发生月食。每年月食最多发生3次，有时一次也不发生。地球在背着太阳的方向会出现一条阴影，称为地影。地影分为本影和半影两部分。本影是指没有受到太阳光直射的地方，而半影则只受到部分太阳直射的光线。月球在环绕地球运行过程中有时会进入地影，这就生成月食现象。当月球整个都进入本影时，就会发生月全食；但如果只是一部分进入本影时，则只会发生月偏食。月全食和月偏食都是本影月食。在月全食时，月球并不是完全看不见的，这是由于太阳光在通过地球的稀薄大气层时受到折射进入本影，投射到月面上，令到月面呈红铜色。视乎月球经过本影的路径及当时地球的大气情况，亮度在不同的月全食会有所不同。有时月球并不会进入本影而只进入半影，这就称为半影月食。在半影月食发生期间，月亮将略为转暗，但它的边缘并不会被地球的影子所阻挡。

【活动器材】

有关日食和月食信息的图片、录像、课件、6个纸圆片、书籍、乒乓球、大塑料球、手电筒、观察记录表、天文望远镜、物镜、目镜、滤光膜、投影板等。

【注意事项】

（1）不能直接看太阳。刺眼的阳光会对眼睛造成极大伤害，还会引发喷嚏，不安全也会影响别人健康。

（2）不能使用墨镜或茶色玻璃观测。墨镜或茶色玻璃并不具有滤光作用，如果使用墨镜或茶色玻璃观看日食，会对眼睛造成极大伤害。

（3）不能不减光用望远镜观测。直接使用望远镜观测会对人眼造成直接伤害，甚至导致永久失明。

（4）不能长时间用墨汁水盆观测。照度计实验证明墨汁的减光作用并不明显，水面反射的阳光同样会灼伤人眼。

（5）要注意目镜端减光镜容易损坏。很容易被聚焦后的阳光照坏。某些廉价的望远镜在目镜端可附加太阳滤镜用来观测也是不安全的，这些减光的太阳滤镜会因阳光聚焦变热而随时爆裂，观测者的视网膜会在迅雷不及掩耳的情况下受到伤害。

（6）钻石环效应和贝利珠。在日面将被月球完全遮去之际（食既到来前瞬刻），最后一丝太阳光可能会在月球右边缘突然表现为一弧如钻石戒指般的光芒，称为钻石环效应。差不多同时，消失中的阳光会在瞬息间沿着月球边缘形成一连串耀眼的亮点，犹如一串珍珠，这就是贝利珠。

【活动步骤】

步骤一，创设情境，引入新课。播放日食录像，提问：你们见过这一天文现象吗？是什么原因造成这种现象的？一起来看一下日食发生的过程。通过视频再现，轻松进入日全食场景，及时进入教学情境中，并通过回忆，让学生显现对日食的前认知。

步骤二，认识日食发生的过程及特点。出示日食发生的过程图片，学生讨论并交流：日食发生过程有什么特点？从这些特点中有何推想？小组汇报讨论结果，整理并适时补充日食发生过程的一些其他事实性资料。小结日食发生过程中的一些特点：

（1）太阳被一个物体挡住了。

（2）挡光的物体是圆形或球形的。

（3）挡光的物体是运动着的。

（4）挡光的物体看上去和太阳差不多大。

(5)地球、挡光物体和太阳差不多在一条直线上。提出问题：根据日食的特点，你认为日食可能是怎样形成的？分析之前进行预设：

（1）太阳被遮挡的部分边缘是弧形的，说明挡光的天体是圆形的。

（2）在日食过程中，有时太阳的整个球面被挡住了，成为黑色，这说明挡光的天体，从地球上看与太阳一般大小。

（3）太阳被遮挡的部分从西边开始，向东边移动，说明这个天体是自西向东运动的。综合以上分析，可能是月球挡住了太阳的光辉。

步骤三，日食成因的模拟实验。怎样用模拟实验的方法来证实我们的推测？学生分小组设计模拟实验的计划，设计时应注意：

（1）用什么实验材料来做这样一个模拟实验。

（2）如何做实验。

（3）在实验中估计会出现哪些现象。

（4）观察到的哪些现象能说明日食发生了。学生分小组进行模拟实验：一人用手电筒代表太阳，一人手持大塑料球代表地球，一人手持乒乓球当月球自西向东运动，用乒乓球绕大塑料球转动一周表示月球绕地球一周，看看在什么情况下看不见太阳（模拟实验要注意：所用的挡光物体要比被挡光物体小；挡光物体是运动的；挡光物体是圆形或球形的。这一过程中，并不一定就会发生日食。只有乒乓球转到电筒光和大塑料球之间，三者在一条直线上，并且三者之间的距离合适时，保证乒乓球的影子落在大塑料球上时，才会发生“日食”现象)。学生进行如下讨论：

（1）模拟实验是如何做的。

（2）哪些现象可以说明发生了日食。

（3）这时太阳、月球、地球各处于何种位置。

（4）日食在发生的过程中有怎样的特点。

（5）在什么情况下不会发生日食。

步骤四，推测日食的成因。出示日食成因示意图，学生用自己的语言说说日食的形成原因，并阅读有关日食成因的内容。当月球运动到太阳和地球中间，如果三者正好处在一条直线上时，月球就会挡住太阳射向地球的光，在地球上处于影子中的人，只能看到太阳的一部分或全部看不到，于是就发生了日食。日食的类型分为日全食、日偏食、日环食。学生以此进行讨论：还有什么发现？日食的形成过程是怎样的？日食发生在农历什么时候［发生日食时，不是地球上所有的人能同时看到，只有处在月球影子里的人才能看到日食。日食的形成过程是从西缘开始，东缘结束。根据自己对日食成因的分析，推断日食总是发生在农历初一（朔）］，图4–8为日食的原理。

步骤五，推测月食的成因。学生进行以下讨论：推测一下月食发生的原因。月食发生时，三个天体的位置

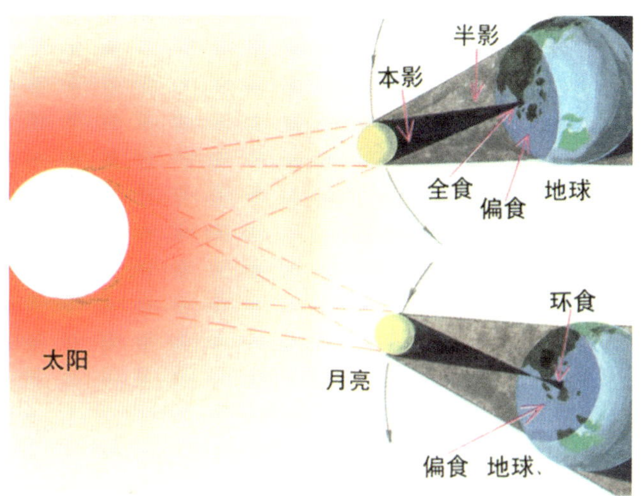

图 4-8　日食原理

是什么。学生思考推测（预设：在月球运动过程中，如果太阳、月球、地球三者正好处在一条直线上时，地球就会挡住太阳射向月球的光，这时地球上的人们就会观察到月食现象）。学生用模拟实验加以证实。教师出示示意图，学生根据示意图说出月食的成因。教师教学月食的类型有月偏食、月全食。学生进行以下讨论：月食发生在农历的什么时候？月食的形成过程是怎样的？月食总是发生在农历十五（望）；月食的形成过程是从东缘开始，西缘结束。师生研究日食和月食看到的机会。全世界每年最多可发生 5 次日食，最少 2 次。但对于某一地点而言，平均每三年左右就可以看到一次日偏食，三百多年才能看到一次日全食。由于月亮绕地球运动的

轨道平面和地球绕太阳运动的轨道平面有一个5°左右的夹角，因此日食和月食并不是每个月都会发生。图4–9为月食的原理。

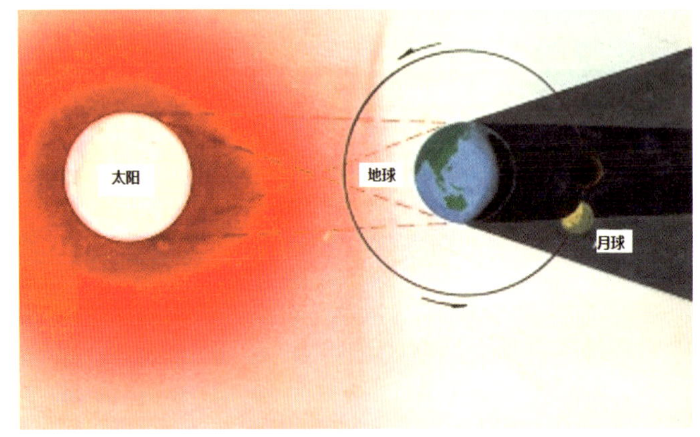

图4–9　月食原理

步骤六，实地推测。

一是观测准备工作。做好观测前的准备十分必要，独自一人观看时更需如此。除准备好合适的滤光片外，首先需取得观测地日食过程各特征时刻尽可能正确的预报值。其次，最好在观测当天日食发生前校对好表或钟，这对及时捕捉可能出现的钻石环效应或贝利珠现象大有好处，因为这是一类短时标事件。全食阶段可直接拍摄到色球、日冕、日珥等景象及其光谱，进而了解太阳表面的各类活动情况；测量日食过程中不同时间太阳光的强度，研究日面辐射强度的分布；在食带两侧边缘同时记录食既和生光的时刻，确定太阳的视半径；观测太阳引力场对星光的偏折现象；搜索太阳近邻空间可能存在的小天体。

二是日食安全观测。日食安全观测分为减光观测，投影观测和小孔成像。

（1）减光观测（如图 4-11 所示）。观看日全食，在物镜端加装滤光膜或减光光栅，减弱太阳光，使它不致烧伤眼睛。

（2）投影观测。不减光，用望远镜成像，通过目镜端投射到墙壁、投影板上。

（3）小孔成像（如图 4-12 所示）。用一个带有小孔的板遮挡在屏幕与物之间，屏幕上就会形成物的倒像，我们把这样的现象叫小孔成像。前后移动中间的板，像的大小也会随之发生变化。这种现象反映了光线直线传播的性质。月全食是月球完全进入到地球影锥的本影部分而发生的月全食；月偏食是月球只有部分掠过地球的本影而发生的月偏食。至于月球只进入地球影锥的半影区而发生的半影食，只是使月面少许暗了一些而已，观测意义不大。 月全食的时候，整个月面会变成红铜色，但其明亮度则会有很大的区别。法国天文学家丹约翰给出了一个分 5 等级的目测标准，如表 4-1 所示。由于地球大气层的影响，地球影锥的周边相当模糊，因此，咱

们很难像日食那样把月食的初亏与复圆的时刻测得很准确。所以，我们在使用双筒望远镜或天文望远镜，观测

图 4–10　学生在观测

图 4–11　日食观测膜观测

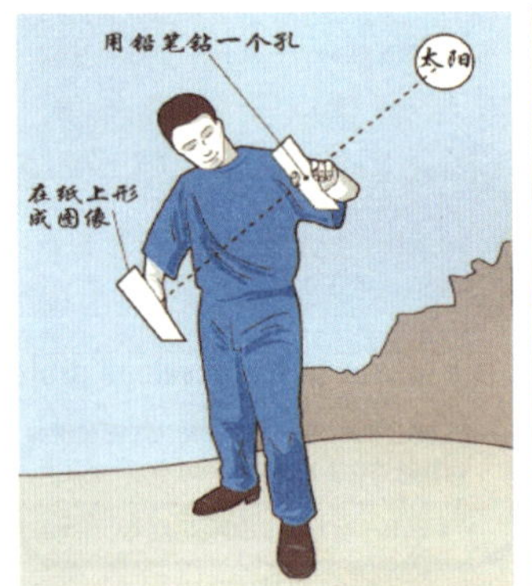

图 4–12　小孔成像观测日食

表 4–1　丹约翰的月全食目测标准

等级	月全食时月面亮度的目测基准
0	非常暗淡，几乎看不见月球，尤其是食甚时完全看不见
1	暗的月食，略有灰色或茶色，月面的细微部分不易辨认
2	月面呈暗红色，略带灰色或茶色，影子中心有些暗色斑点，外侧相当明亮
3	砖色的明亮月食，影子中有明亮的灰色，有一段段的黄色带
4	铜色或带红的橙黄色，非常明亮，外侧很亮，略有蓝色

地球遮住月面的火山口或某种特别地形的时候，要以尽量高的精度加以记录，便可以得到很好的效果。

【反思总结】

在日食观测中，因小孔成像原理，阳光穿过树叶空隙会在地上形成许多杂散分布的太阳圆面像，或清晰或模糊（取决于不同空隙的成像效果）。随着日食过程的开始众多原本圆形的太阳像会同步地亏缺成月牙状，且越来越细，在全食阶段则完全消失。生光之后大批月牙状太阳像再度同时出现，并逐渐变“胖”，太阳复圆时所有像同步复圆。此景非日食期不可见，值得观赏，由于偏食阶段时间充分，用相机拍摄应不成问题。另外，全食到了之际可注意观察周围自然环境的变化以及“白日星空”的奇景。

月食观测对望远镜有一定要求。因为月球属于有延伸面的天体，主要是观测月面的细节，所以天文望远镜的分辨本领要强才行。分辨本领和望远镜的有效口径有以下关系：6=140/D，D 为有效口径，以 mm 表示。若要分辨月面 1 角秒的细节，望远镜的有效口径最起码得 140mm 才行。一般来说，较优良的折射望远镜的物镜都是由两块透镜组成的。同时，折射望远镜的相对口径通常在 1/20~1/15。而反射望远镜的相对口径往往在 1/5~1/3.5，比折射望远镜大。反射望远镜产生的仪器散射光也比折射望远镜大。因此，一般来说，折射望远镜比反射望远镜更适合月球观测。

第三节 月相原理及观测

【活动目标】

（1）通过对月相原理的学习，能够总结月球运动的特点，演示月相变化的原理。

（2）通过实际观测月相的变化，记录月相变化的情况，进一步认识月相变化的原理。

【原理解读】

月相（Phase of the Moon），是天文学中对于地球上看到的月球被太阳照明部分的称呼。随着月球每天在星空中自西向东移动一大段距离，它的形状也在不断地变化着，这就是月亮位相变化，叫作月相。

月球绕地球运动，使太阳、地球、月球三者的相对位置在一个月中有规律地变动。月相的变化同中国农历

日期相对应。因为月球本身不发光，且不透明，月球可见发亮部分是反射太阳光的部分。只有月球直接被太阳照射的部分才能反射太阳光。月球它与太阳相对位置不同（黄经差），我们从不同的角度上看到月球被太阳直接照射的部分，便会呈现出各种形状，这就是月相的来源。如日月黄经差为 0 度，这时月球位于地球和太阳之间，以黑暗面朝向地球，且与太阳几乎同时出没，故地面上无法见到，这就是朔，这一天为农历的初一。快到月底的时候，月球又将旋转到地球和太阳中间，残月才又由东方升起，开始新的循环。

月相不是由于地球遮住太阳所造成的（这是月食），而是由于我们只能看到月球上被太阳照到发光的那一部分所造成的，其阴影部分是月球自己的阴暗面。图 4-13 为农历上半月月相图。

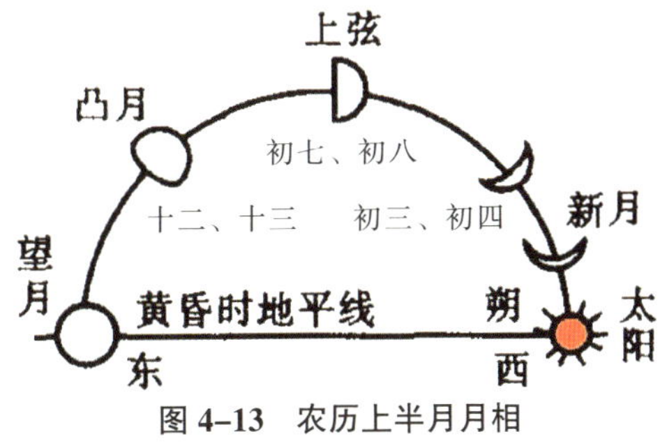

图 4-13　农历上半月月相

假设满月是一个圆形，那么无论月相如何变化，它的上下两个顶点的连线都一定是这个圆形的直径（月食

的时候月相是不规则的）。当我们看到的月相外边缘是接近反 C 字母形状时，那么这时的月相则是农历十五以前的月相。相反，当我们看到的月相外边缘是接近 C 字母形状时，那么这时的月相则是农历十五以后的月相（如表 4–2、图 4–14 所示）。

表 4–2　月相、方位和时表

月相	同太阳出没比较	月出	月没	夜晚见月情形	出现日期［农历］
新月	同升同落	清晨	黄昏	彻夜不见	初一
上弦月	迟升后落	正午	半夜	上半夜见于西天，月面朝西	初七、初八
下弦月	早升先落	半夜	正午	下半夜见于东天，月面朝东	二十二、二十三
满月	此起彼落	黄昏	清晨	通宵可见	十五、十六

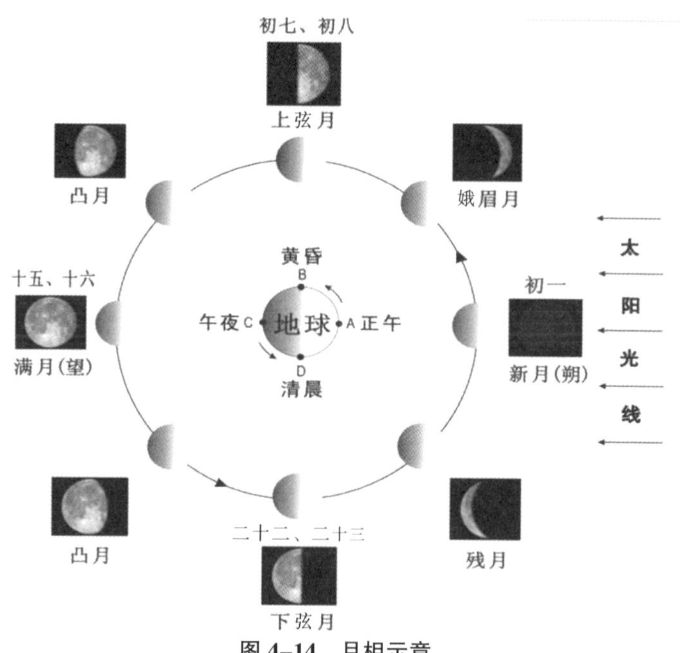

图 4–14　月相示意

月相变化歌（如图 4–14 所示）

初一新月不可见，只缘身陷日地中，初七、初八上弦月，半轮圆月面朝西。

满月出在十五六，地球一肩挑日月，二十二三下弦月，月面朝东下半夜。

规律：（一个口诀）上上上西西、下下下东东

“上上上西西”：上弦月出现在农历月的上半月的上半夜（黄昏至午夜可见），出现在西半边天空，西半边亮（亮的月面朝西，凹的一面朝东）。如图 4–15 所示。

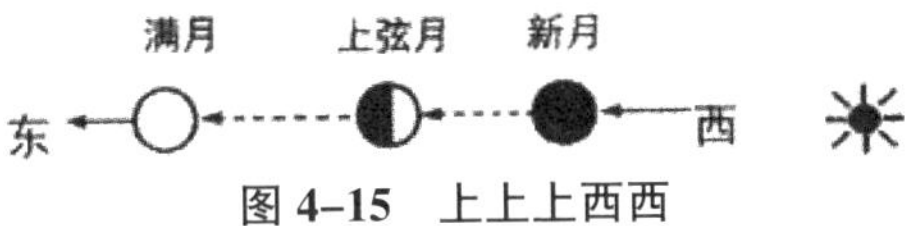

图 4–15　上上上西西

“下下下东东”：下弦月出现在农历月下半月的下半夜（午夜至清晨可见），出现在东半边天空，东半边亮（亮的月面朝东，凹的一面朝西）。如图 4–16 所示。

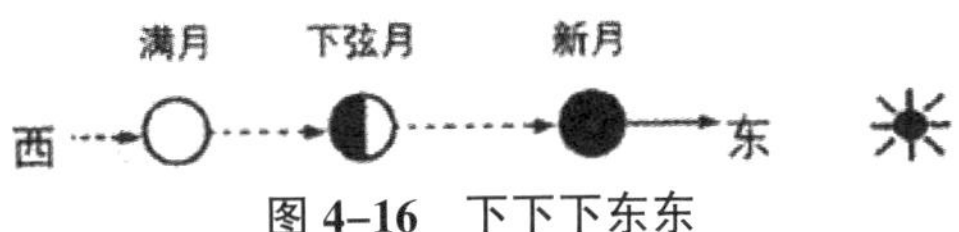

图 4–16　下下下东东

月球是自西向东绕地球运行的，相对于地球来说，上半月月球是背离太阳越走越远（如图 10–3 所示）。此时太阳在月球西方，月球西部被太阳照亮，所以这时月

球的亮面朝西。

上半月月比日迟升后落，下半月月比日早升先落。上半月的月相在日落黄昏后才能看到，下半月的月相在日出黎明前才能可见。见图 4-17、图 4-18。

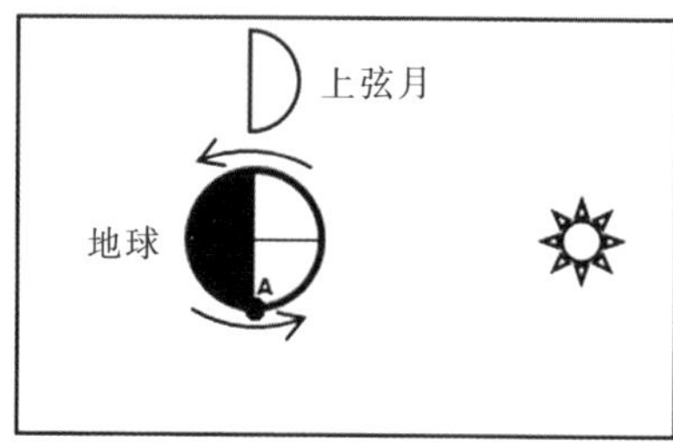

图 4-17　上半月月比日迟升后落

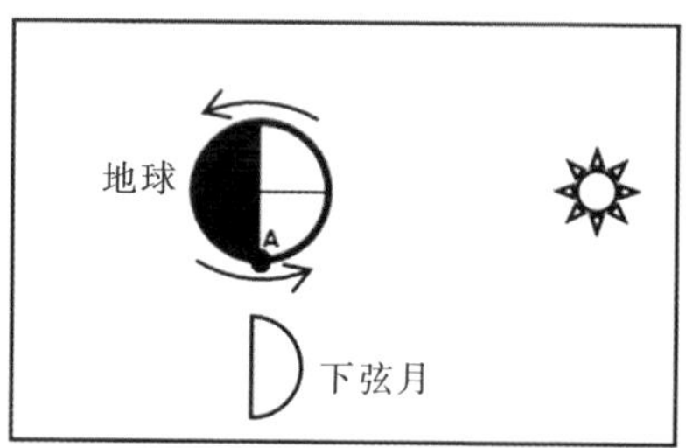

图 4-18　下半月月比日早升先落

月相变化有以下几个规律（如图 4-19）：

规律一：农历每月初一，月球位于太阳和地球之间。地球上的人们正好看到月球背离太阳的暗面，因而在地球上看不月亮（相当于“黑月亮”），称为新月或朔，其视形状见上图 4-19 中 A 位置。此月相与太阳几乎同升同落，即清晨月出，黄昏月落，只有在日食时才可觉察它的存在。

规律二：新月过后，月球向东绕地球公转，从而使月球离开地球和太阳中间而向旁边偏了一些，即月球位于太阳的东边。月球被太阳照亮的半个月面朝西，地球上可看到其中有一部分呈镰刀形，凸面对着西边的太阳，称为娥眉月，其视形状见图 4-19 中 B 位置。娥眉月日出后月出，日落后月落，与太阳同在天空，在明亮的天空中，故看不到月相。只有当太阳落山后的一段时间才能在西方天空看到娥眉月。

规律三：在农历每月初七、初八时，由于月球绕地球继续向东运行，太阳、地球、月球三者的相对位置成为直角，即月球地球连线与太阳地球连线成 90°。地球上的观察者正好看到月球是西半边亮，亮面朝西，呈半圆形叫上弦月，其视形状见图 4-19 中 C 位置。上弦月约正午月出，黄昏时，它出现在正南天空，假设观察者位于北半球中纬度（下同），子夜从西方落入地平线之下，上半晚可见。

规律四：在农历每月十一、十二，在地球上的观察者看到月球西边被太阳照亮部分大于一半，月相变成凸月，其视形状见图 4-19 中 D 位置。凸月正午后月出，黄昏时在东南部天空，月面朝西，然后继续西行，黎明前从西方地平线落下，大半晚可见。

规律五：农历每月十五、十六，月球运行到地球的外侧，即太阳、月球位于地球的两侧。由于白道面与黄道面有一夹角 θ（θ 平均值为 5°09′）通常情况下，地球不能遮挡住日光，月球亮面全部对着地球，人们能看到一轮明月，称为满月或望，其视形状见图 4-19 中 E 位

置。满月在傍晚太阳落山时的东方地平线上升起，子夜时位于正南天空，清晨时从西方地平线落下，整夜都可以看到月亮。

规律六：再过几天，农历每月十八、十九，月相又变成凸月，月面朝东，其视形状见图 4-19 中 F 位置。此时为黄昏后月出，正午前月落，大半晚可见。

规律七：农历每月二十二、二十三，太阳、地球和月球之间的相对位置再次变成直角，月球在日地连线的西边 90°。这时我们看到月球东半边亮呈半圆形，月面朝东，称为下弦月，其视形状见图 4-19 中 G 位置。它在子夜时升起在东方地平线上，黎明，日出，时高悬，于南方天空，正午时从西方地平线落下，下半晚可见。

规律八：农历每月二十五、二十六，月相又变成娥眉月，亮面朝东，其视形状见图 4-19 中 H 位置。此时子夜后月出，黄昏前月落，黎明前可见。

月球随后继续向东运行，又运行到太阳和地球之间即 A 点，月相变为朔。

可见，月相的变化依次为 新月（初一）→娥眉月→上弦月（初七、初八）→凸月→满月（十五，十六）→凸月→下弦月（二十二、二十三）→残月→新月。月球由 A 点经 B 点→C 点→D 点→E 点→F 点→G 点→H 点，月球绕地球公转一周，月相由朔到下一次朔所经历的时

间间隔，即月相变化的周期，叫作朔望月（参考图 4–20）。

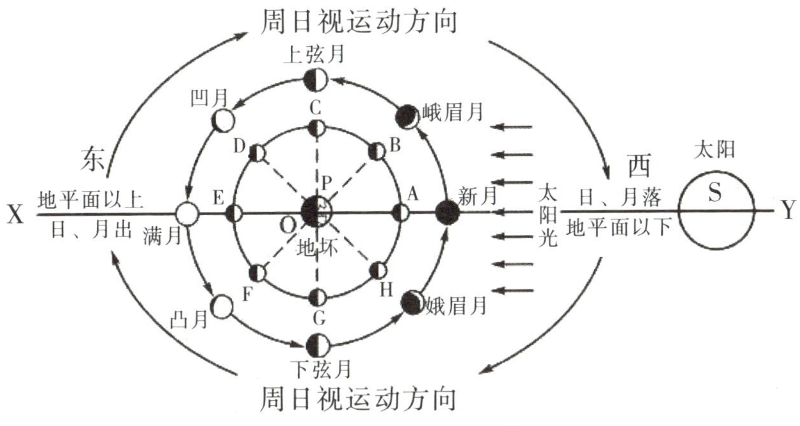

图 4–19 月相变化规律

图 4–20 朔望月

【活动器材】

天文望远镜（KPW400），照相机。

【注意事项】

（1）地平面是地球球面上垂直于观测点所在半径的切面，由于地球自转较快，在地平面看太阳东升西落，月球也是东升西落的；

（2）地球上观测者所在位置随地球自转昼夜交替，观测时刻由观测点地方时决定，地方时是太阳经过当地子午线平面的时刻作为正午12时的计时制度；

（3）选择农历月份时，挑选不良天气较少的月份。

【活动步骤】

步骤一，分组。分8个小组，分别在一个月的农历初一前后、初四前后、初七前后、十一前后、十五前后、二十前后、二十三前后、二十六前后对月相观察；

步骤二，分别填写观察月相记录表相应部分（如表4–3所示）。

步骤三，8个小组合作将表4–3填完后，对照指导都是提供月相变化规律图，分析总结月相变化规律，并解释观察时间设置不同的原因。图4–21为学生观测月相。

表 4-3 观察月相记录

	出没时间	观察时间（月、日、时间）	观察时月亮的位置	观察时月亮的地平高度	观察时的月相
新月（初一前后）	6:00~18:00				
娥眉月（初四前后）	9:00~21:00				
上弦月（初七、初八）	12:00~24:00				
凸月（十一前后）	15:00~次日 3:00				
满月（十五、十六）	18:00~次日 6:00				
凸月（二十前后）	21:00~次日 9:00				
下弦月（二十二、二十三）	24:00~次日 12:00				
娥眉月（二十六前后）	3:00~15:00				

图 4-21 学生观测月相

第四节 凌日原理及观测

【活动目标】

（1）通过观测活动，让学生了解天文知识和天文望远镜的使用、“金星凌日”天象成因、“金星凌日”天象观测及拍摄等方面有一个比较全面、系统的认识。

（2）了解凌日现象的相关知识，有效激发学生的科学兴趣，普及天文知识。

【原理解读】

凌日即指太阳被一个小的暗星体遮挡。这种小的暗星体经常是太阳系行星，即是地内行星经过日面的一种天文现象。金星凌日则在某些特殊时刻，地球、金星、太阳在一条直线上，这时从地球上可以看到金星就像一个小黑点一样在太阳表面缓慢移动，天文学称之为“金星凌日”（如图 4-22 所示）。水星和金星的绕日运行轨道均在地球轨道以内，称内行星。因此，在某些特殊时

刻，有“金星凌日”“水星凌日”的天文奇观。

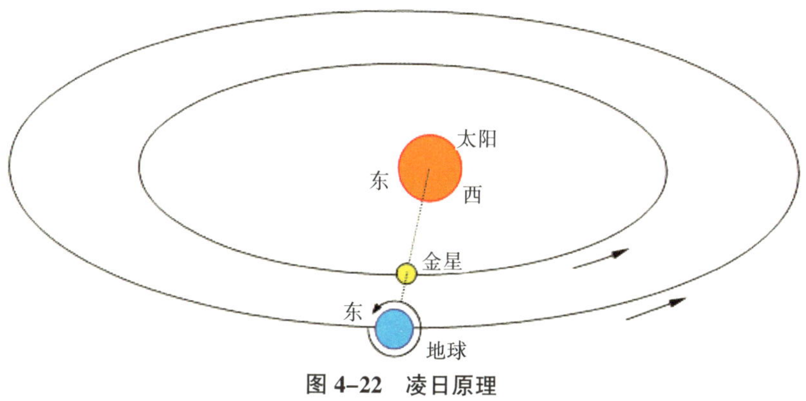

图 4-22 凌日原理

金星凌日可分为五个阶段：凌始外切、凌始内切、凌甚、凌终内切、凌终外切。因为在八大行星中，地球与金星相距最近、视差最大，所以各地在不同的经、纬度观察“金星凌日”，可能有几分钟的误差。以 2012 年北京的金星凌日为例，整个“金星凌日”过程有几个特别的时刻：6:10 凌始外切（金星将要进入日面）、6:27 凌始内切（金星刚刚完全进入日面）、9:30 凌甚（金星和日面中心距离最近）、12:31 凌终内切（金星开始离开日面）、12:49 凌终外切（金星刚刚完全离开日面）。

三者恰好在一条直线上，金星挡住部分日面而发生的天象。因此，金星凌日又有小日食之称。然而，“金星凌日”这一天象却比日食珍贵很多，“金星凌日”成组出现，每一组“金星凌日”包括两次，相隔约 8 年，

但相邻两组“金星凌日”间隔却在百年以上。即一个世纪只有两次。除非很幸运，否则观看金星凌日真的是“一生一次”的事件。2004年之前的最后一组金星凌日发生在1874年12月和1882年12月。21世纪的首次金星凌日发生在2004年6月8日，另一次发生在2012年6月6日（如图4-23所示）。再下一次是2117年和2125年，间隔105年。

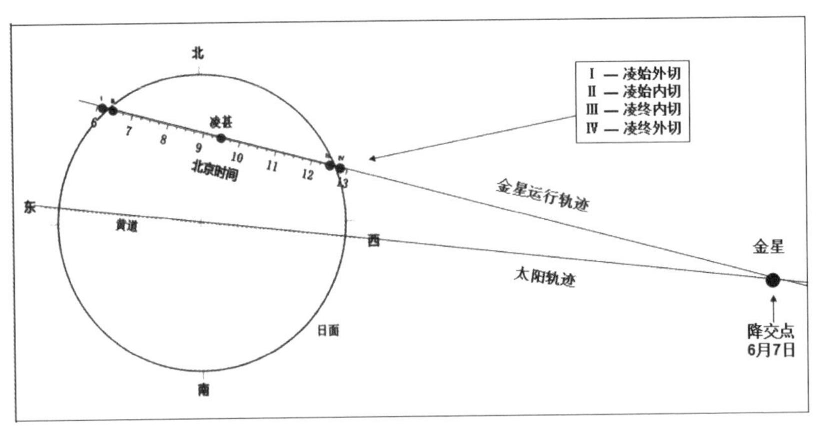

图4-23 2012年6月6日金星凌日示意

通常都是用小时来计算金星凌日的时间（2004年和2012年，均持续大概6小时）。原理上类似于日食，虽然金星的直径差不多有月球的4倍。我们从地球上看金星要小得多是因为它离地球更远一些。现代天文学之前，人们通过观察金星凌日，用视差来测量太阳和地球之间的距离。

金星是地球的内行星，围绕太阳公转一圈需要224.701天，地球围绕太阳公转一圈需要365.256天。金星和地球的会合周期是583.92天。即金星连续两次下合日的时间间隔。图4-24为金星地球回合周期示意图。

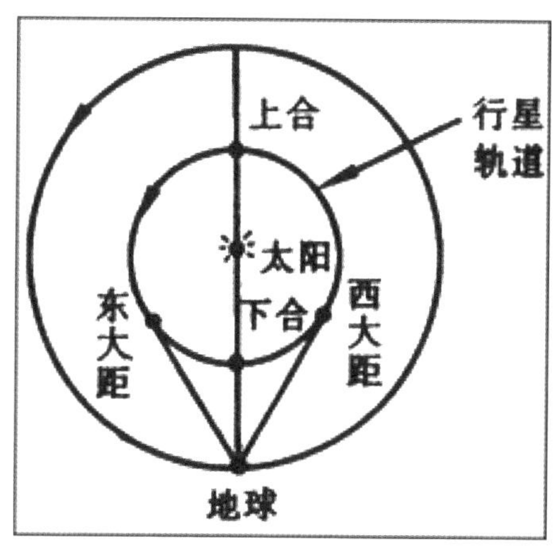

图4-24　金星地球回合周期示意

金星凌日可分为两种：一种是降交点的金星凌日，它发生在6月8日前后。届时，金星由北往南经过日面（黄道）。另一种是升交点的金星凌日，它发生在12月10日前后，届时，金星由南往北经过日面（黄道）。人们通常认为，降交点和升交点的金星凌日是成双成对交替出现的，在数量上是平分秋色的。其实不然，两者在数量上是不相等的，即降交点的金星凌日比升交点的多。从902年至1984年，共出现32次金星凌日，其中降交点金星凌日有18次，而升交点金星凌日只有14次。降交点金星凌日比升交点的多的原因就是降交点（6月8日前后）的金星凌日，金星距离地球较远，达4321万千米。而升交点的金星凌日，金星距离地球较近，只有3947万千米。在同等条件下，如果距离地球较远，金星凌日发生的概率就越多。

每种类型每隔243年出现一次，是因为地球上的243个恒星年（365.25636天）是88757.3天，金星上的395个恒星年（224.701天）是88756.9天。因此经过这个时间段后金星与地球差不多同时回到各自轨道上同一位置。由于金星和地球环绕太阳的运行轨道不在同一个平面上，因此并不是每次金星下合日都会发生金星凌日现象。一般地，地球在每年12月10日前后经过金星轨道的升交点，在每年6月8日前后经过金星轨道的降交点，因此金星凌日只能发生在这两个日期前后。

【活动器材】

肉眼可看到金星凌日。Omi xlt 127折反射式望远镜、Omi xlt 150牛顿式反射望远镜、双望远镜两台、Sky-watcher国际组织专巴德膜拍摄用太阳滤光膜3.8/10×10CM、佳能500D相机两台、适合连接数码单反相机进行天文摄影的数码相机扣环、木板、白纸、用于防晒的

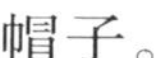

帽子。

【注意事项】

（1）切记不可用裸眼正视太阳，因为这样轻则造成视力受损，重则导致永久失明。

如果不采取防护措施，裸眼直视太阳的时间持续5秒就足以损坏人的视力。

（2）普通太阳镜或透过有色玻璃也不可使用，要加滤光片。

（3）不可长时间连续观测。

【活动方法】

常见观测方法如下：

（1）目视法。借助滤光镜（巴德膜）（如图4-25所示）或电焊防护用的黑玻璃等减光片，肉眼就可观察到“金星凌日”。滤纸或减光片可能单一一张的减光效果不够，在正式观看太阳前，最好事先将数张滤纸重叠，测试一下几张滤纸叠加起来的效果最好、最不伤眼睛。从保护眼睛的角度看，无论什么方法，观看“金星凌日”，持续时间都不要超过10秒。

（2）摄影和录像法。用装滤光膜的相机或摄像机把“金星凌日”的过程记录下来，供日后研究、观赏。

图 4–25　滤光镜

（3）望远镜法。在望远镜前方（物镜）装上滤光膜（巴德膜）观察，可观察到“金星凌日”的大气现象和“黑滴”现象。

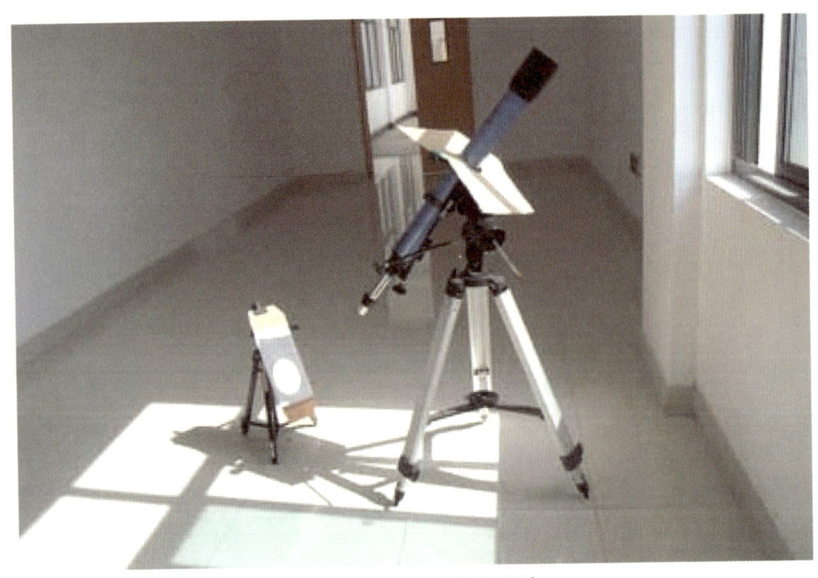

图 4–26　望远镜法观测

（4）投影法。通过望远镜，把太阳投影到白色的板面上进行观察。这样做，安全可靠，又可供多人同时观看。

如果没有望远镜，可以利用一个纸盒，用针尖在纸盒上方钻一小孔，纸盒底端则铺一块白色的影纸板。观测时将小孔对准太阳，使太阳影像经由“针孔成像”原理投影在纸盒底端来观察。若能在小孔前方加一片透镜来放大影像，效果会更好。这种观测方法每次观看时间最好不要超过 1 分钟。

需要注意以下几点：

（1）根据预报的凌始外切时刻和该时刻金星的位置角，提前并耐心地守候，等待金星凌始外切的出现。

（2）在金星凌日的过程中，应力争观测到“黑滴”和“光环”两种有趣的现象，它们都出现在入凌后和出凌前的短暂时段。

（3）金星与日面内切时，因衍射等原因，金星边缘和太阳边缘会被油滴状黑影“粘连”在一起，是为“黑滴”。同样时段内，有时金星外缘会镶上一圈纤细的“晕环”，是为“光环”，这一现象起因于金星大气层顶部对阳光的反射和散射。

【参考记录】

金星凌日观测最重要的就是金星日面边缘恰好接触的初亏（T1）、食既（T2）或生光（T3）与复圆（T4）

四个点的接触时间记录；本次中国台湾地区只能记录到初亏、食既的接触时间，其中初亏（T1）的观测最困难，要特别注意。

（1）观测时，最好能将影像局部放大，仔细观察各个接触点的精确时间。计时的精确度最好能达到1秒以下，否则误差过大，这个观测资料就没有科学分析的价值了。

（2）投影观测计时，建议准备两支马表或计时器，两支均需事先校正，在认为是初亏或食既的两个接触点，各按下其中一个马表或计时器，并将时间记录下来。另一种记录方式为录音方式，可以一边播放117报时系统及有滴答声的计时器，一边仔细观察，确认为初亏或食既时，自行发一短声，事后再来确认短声的时间并予以记录之。

（3）为避免因人为疏失造成观测误差，建议大家尽量利用摄影观测，事前要先将相机或摄影机的时间调整校正，校时的误差也须达到1秒以下。如以一般机械式相机加一般感亮度为100的底片拍摄，则建议光圈为f16，曝光时间则建议在1/250~1/60秒，多测试几张不同的曝光值，以减少失败率。再次提醒大家：望远镜前方需有适当的减光保护装置，相机及摄影机才能直接接在望远镜后方进行摄影。

（4）任何方式的观测记录结果，因需与国际观测资料比对，因此记录后需将时间换算成国际标准时（UT）。中国台湾所在时区属东八区，也就是说国际标准时=中国台湾中原标准时间–8小时。

（5）计时观测还有一项非常重要的参数，就是观测地点的精确经纬度（精密度至少需到1角分，或2公里之内），可利用GPS测量。

（6）最容易让观测结果出现误差的便是所谓的“黑滴现象”（Black Drop Effect）。在食既（T2）与生光（T3）两个阶段时，金星黑影与日面边缘会如若即若离，金星黑影甚至会变形成似水滴状（取自S&T，May 2004，P34）。天文学家认为“黑滴”现象应是地球大气扰动造成的。这种效应会使观察者犹豫T2与T3两个接触点的计时时间是否正确。

（7）另外可能会造成观测误差的，是所谓的“光晕效应”（Halo Effect），也就是金星位在太阳边缘，即将进入太阳盘面（初亏—食既）或即将脱离太阳盘面（生光—复圆）的过程时，会出现一圈光晕，如同“日环食”景象一般，这也会影响各接触点的正确时间判断。

【活动须知】

（1）观测需要提前准备好各种器材，避免操作时手忙脚乱，熟悉相关流程、步骤。

（2）观测时，最好能将影像局部放大，仔细观察、科学记录。

（3）参观时需要记录操作时的影像资料，并存档。

第五章

社区服务与科普宣传

第一节 参观深圳市国家气象观测台

图 5-1　龙高学子参观西涌天文台

深圳市国家气象观测台简介

西涌天文台，位于深圳市大鹏新区南澳街道西涌，占地2.97万平方米，主要建筑有天文楼、气象楼、综合楼等。西涌天文台是政府投资建设、全体市民共享的民生工程，是国内第一个天文与气象相结合、科普与业务相结合、现场观测与网络观测相结合的综合观测系统。

观测设备主要有60cm反射式光学望远镜、太阳望远镜、傅里叶光谱仪、高性能小型望远镜、大气成分观测站、高精度太阳辐射流量监测仪等，于2010年8月投入天文、气象业务试运行，同年9月正式揭牌，标志着正式启用。

同时，西涌天文台是深圳市龙城高级中学的科普实践基地，良好的交流关系有利于活动的开展。

【活动目标】

（1）通过参观，了解深圳市国家气象观测台的日常工作。

（2）通过天文台工作人员的讲解，提升对天文科普的认识。

（3）通过团队参观，培养团队合作精神。

【活动器材】

（1）照相机、摄影机等拍摄器材。

（2）自备小型背包，可包含纸笔等文具用品，饮用水杯、遮阳帽等户外用品。

（3）携带手机等通信设备。

【注意事项】

（1）团体参观需要提前1个月做准备规划，确定日期和相关流程。

（2）团队活动务必听从指挥，服从指导老师安排。

（3）参观期间严禁携带危险品上山，山上禁止使用明火，室内禁止吸烟，参观台内展厅时，禁止随意触碰展品，禁止大声喧哗。

【活动步骤】

步骤一：预约申请——预约链接【我要预约】http：//www.szmb.gov.cn/twtteam/yy/

（1）每次团体参观人数必须不少于10人且最多不得超过30人，并且至少有3名成年人随行，若实际到达人数超过30人，我台有权当场取消其参观资格。

（2）同一单位及同一申请人原则上每年申请团体参观次数不得超过3次。

（3）为保证参观质量，目前本单位谢绝9周岁以下儿童及小学二年级以下（含二年级）成员（团体或个人）参观。

（4）团体参观时间原则上不得与公众开放日冲突；

（5）每天原则上只接受两个团体预约参观，并且半天只允许一个批次的团体（不超过30人）参观。

步骤二：实地参观（图5-2为工作人员知识讲解）

（1）天文科普报告讲。

（2）天文短片欣赏。

（3）太阳活动观测（阴雨天由观看太阳活动照片替代）。

（4）天文仪器参观。

图5-2　工作人员知识讲解

【实践总结】

（1）参观时需要记录参观时的影像资料，并存档，图 5-3 为参观影像记录。

（2）每位社团成员返回校园后，撰写不少于 300 字的参观记录或者感悟。

图 5-3 参观影像记录

第二节
社区天文科普宣传

图 5-4　龙城高中社区天文科普宣传

【活动目标】

（1）通过开展路边天文活动，向社区民众宣传天文科普知识。

（2）通过开展活动，提升社团成员的表达、沟通、合作能力。

（3）通过开展活动，加强社团成员的社区服务意识。

【活动器材】

（1）科普宣传器材：便携式天文望远镜 1 台，双筒望远镜 2~3 台，星图 30 多幅，天文科普展板 5~8 块（双面），调查问卷 1000 份，桌椅 3~5 套。

（2）拍摄器材：照相机 3~5 台、摄影机 1~2 台。

（3）自备小型背包，可包含饮用水杯、遮阳帽、雨伞等户外用品。

（4）学生着统一标识，携带手机等通信设备。

【注意事项】

（1）活动期间注意自身安全，对周围事物提高警惕，但觉有异，及时报告老师。

（2）活动期间服从带队老师安排，严禁私自离队，有特殊情况必须报告带队老师。

（3）科普讲解时，耐心细致，但有不明白的问题，及时请教老师。

【活动步骤】

步骤一：前期准备。

（1）制作科普知识展板：社团成员分组负责设计天

文科普知识展板，要求图文并茂体现知识与趣味性，指导教师验收后交与广告公司印刷。

（2）设计天文科普调查问卷：指导教师设计天文科普调查问卷并印刷1000份。图5-5为调查问卷样例。

（3）调试各种设备是否正常运行。

（4）联系路边天文场所，并申请外出用车。

路边天文调查问卷

调查问卷设计的几个假设：

1. 被访者70%以上平时对天文学不予关注。
2. 男性比女性对天文学关注更多，了解更深。
3. 年龄越大，对天文学关注更多，了解更多。
4. 学历越高，对天文学关注更多，了解更多。
5. 对天文学态度越积极，掌握知识越多。

调查问卷统计的几大问题：

1. 被访者基本信息的构成比例（性别、年龄、学历）；
2. 按性别、学历、年龄分别统计被访者对天文学的情感、态度；
3. 按性别、学历、年龄分别统计被访者对天文学知识的了解程度；
4. 选取对天文学情感态度最积极的前20名，分析其知识得分与性别、学历、年龄之间的相关性；（选取前20名得分最高者时，如果同一分数有重复且超出20名，则选取其中第6题选B、C、D者）

图5-5　调查问卷样例

步骤二：活动开展。

（1）摆放天文望远镜、科普展板、桌椅等相关设施。图5-6为布展。

图5-6　布展

图 5–6　布展（续）

（2）社团成员分组：望远镜操作讲解组、展板宣传讲解组、调查问卷发放回收组、摄影摄像记录组。图 5–7 为学生记录活动。

图 5–7　影像记录活动

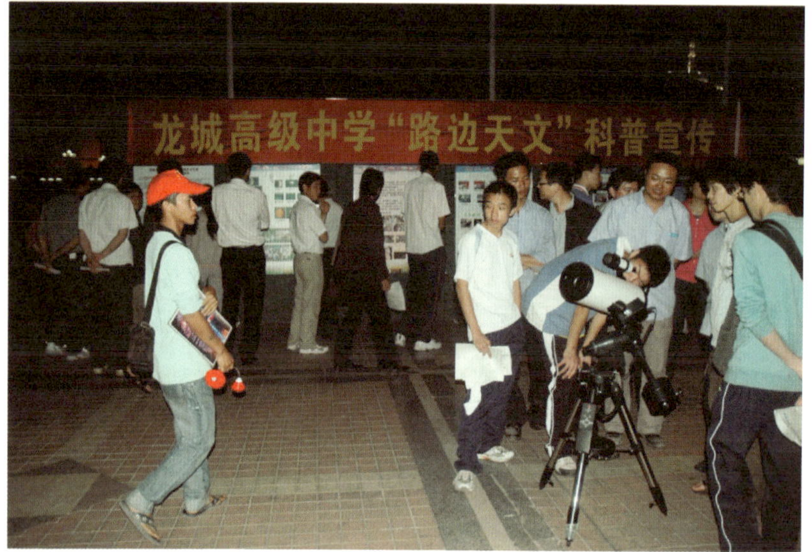

图 5-7 影像记录活动（续）

（3）回收天文望远镜、科普展板、桌椅等相关设施，并打扫带走周围可能散落的纸张等垃圾。

【方法指导】

（1）对回收的调查问卷进行统计分析。图 5-8 为调查问卷分析样例。

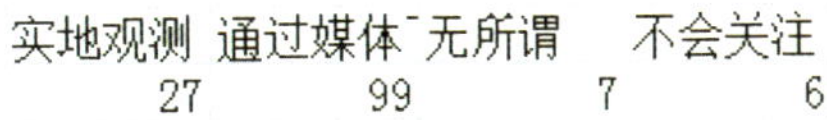

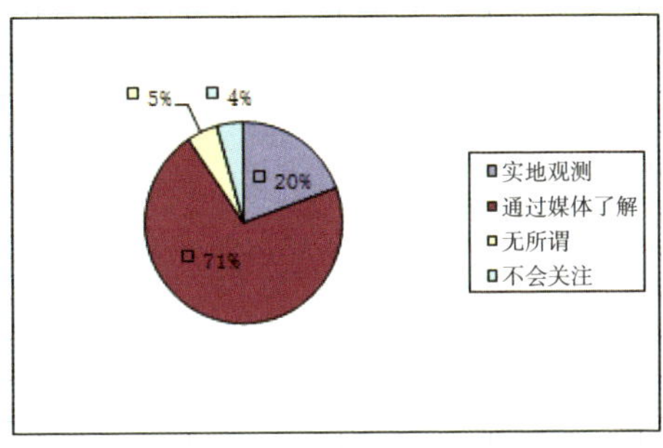

图 5-8　调查问卷分析样例

（2）指导社团成员撰写活动感想或者小论文。图 5-9 为论文样例。

发展自我，服务社区

记“路边天文”科普宣传活动

课题成员：谭惠娟，张晓丽

指导老师：谢新春、张永林、成军

活动背景：2009 年是伽利略将望远镜用于天文观测四百周年，这是天文学史及人类科学发展史上的一个极其重要的事件。天文学是历史最悠久的基础学科之一，是人类智慧的集中展现，直到今天天文学仍对我们的文化产生着深刻的影响。望远镜用于天文观测这一事件引发了人类世界观的发展、科技的重大变革，以及近几十年来人类对宇宙认知的巨大飞跃。四百年来，人类的视野从光只需走一小时的内太阳系扩展到十万光年的银河系，直至尺度达 100 亿光年以上的广袤宇宙。

图 5-9　论文样例

（3）指导学生制作 PPT 等电子宣传相册。图 5-10 为宣传资料样例。

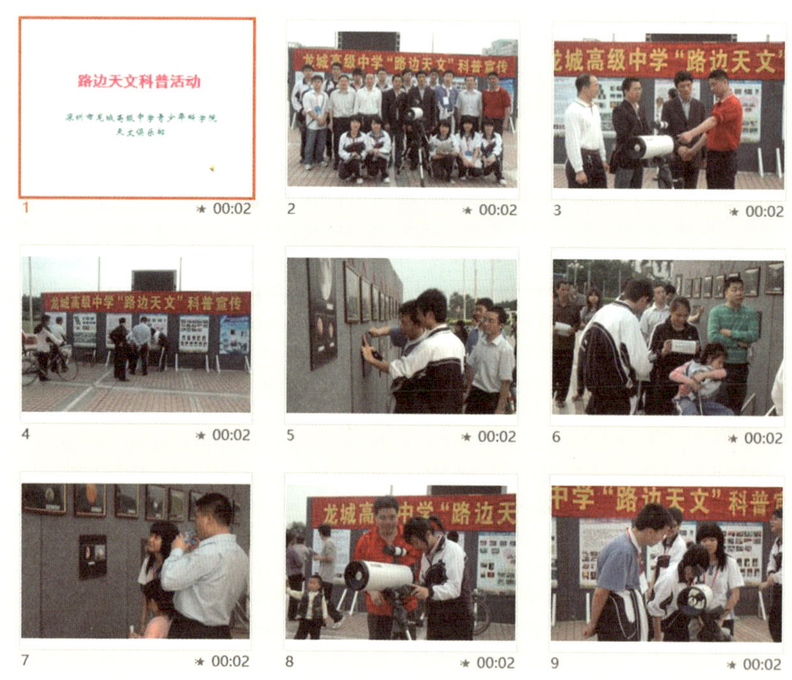

图 5-10 制作宣传资料样例

参考文献

[1] 余明. 简明天文学教程［M］. 北京：科学出版社，2001.

[2] 闻新，张婉怡. 领略四季星空之美——春［J］. 太空探索，2015（5）：57-58.

[3] 闻新，张婉怡. 领略四季星空之美——夏［J］. 太空探索，2015（6）：56-57.

[4] 闻新，张婉怡. 领略四季星空之美——秋［J］. 太空探索，2015（7）：56-57.

[5] 闻新，张婉怡. 领略四季星空之美——冬［J］. 太空探索，2015（8）：56-57.

[6] 张晓龙. 如何认识四季星空[J]. 海峡两岸天文推广教育研讨会，2004：101-104.

[7] 宫健，李轻舟，刘睿哲. 天文观测完全手册［M］. 人民邮电出版社，2015：580-585.

［8］［加］特伦斯·迪金森. 夜观星空：天文观测实践指南［M］. 谢懿，译. 北京科学技术出版社，2012：56-80.